丝滑销售

像高手一样成交

张晨

—— 编著 ——

北方妇女儿童出版社

·长春·

图书在版编目（CIP）数据

丝滑销售：像高手一样成交 / 张晨编著. -- 长春：

北方妇女儿童出版社, 2025. 2. -- ISBN 978-7-5585

-9224-9

Ⅰ. F713.3-49

中国国家版本馆CIP数据核字第2025P0E594号

丝滑销售：像高手一样成交
SIHUA XIAOSHOU：XIANG GAOSHOU YIYANG CHENGJIAO

出 版 人	师晓晖
责任编辑	庞婧媛
装帧设计	臻　晨
开　　本	710×1000　1/16
印　　张	10
字　　数	160千字
版　　次	2025年2月第1版
印　　次	2025年2月第1次印刷
印　　刷	山东博雅彩印有限公司
出　　版	北方妇女儿童出版社
发　　行	北方妇女儿童出版社
地　　址	长春市福祉大路5788号
电　　话	总编办：0431-81629600

定　　价　　59.80元

前　言

对于销售员来讲，销售话术非常重要。

别看里面有"术"，其实，里面蕴含着"道"，只要掌握了道，我们就能以"不变应万变"的姿态从容不迫地面对客户。

无论客户问什么问题，首先，我们要尊重对方。或许，客户的有些问题很刁钻，很难回答，甚至有些客户只考虑自己，完全不顾合作方的利益。这个时候，也要保持一定的尊重。

其次，要保持耐心与专业，耐心可以让客户冷静下来，愿意和我们合作，至少愿意和我们继续沟通下去。专业则是让客户放心，使其在接下来的沟通中认真考虑我们的话语。

再次，要以同理心对待客户。可能在你看来，客户是胡搅蛮缠，是不可理喻，但如果我们能够仔细观察一些客户的状态，可能就会发现他背后的顾虑与难言之隐。

最后，无论是文字回复客户还是口头回应客户，不能只是"问一句答一句"，有的时候，我们要站在客户的角度，可能客户遇到了一些麻烦，尽管这些麻烦并不是我们带来的，与我们无关。但如果我们能够给予对方多一点回应，给他提供一个选择项，也许就能打动客户，让客户不仅觉得我们专业，还会对我们有一定的好感。

比如，在本书第二章中，客户如果说"我做不了主"，该怎么回应呢？一般的销售员可能会说："我理解您需要与决策者协商。我可以提供一些额外的信息或数据，帮助您向他们展示这个提案的价值。"

实际上，我们完全可以更巧妙地回复，比如："我完全理解决策过程可能涉及多个方面。让我们讨论一下关键点，我可以准备一份详细的报

1

告，以便您向决策者清晰地传达我们的提案。"

前面的回复是"客户做不了主，因此我们提供给他更多的信息和数据，以帮助他或他的上级对我们有更多的了解"，而后者则是"我们一起先讨论一下，然后我再给你一个契合的报告"。

一名优秀的销售员，不仅要能让客户放心，还要能将原本孤立的"销售员"和"客户"巧妙地融合在一起，在心理上让客户觉得"我和你是一起的，是自己人"。

本书列举了180多个实际具体场景，希望帮助销售员能应对各类场景。实际上，无论你是从事何种职业，你都需要学点"销售"。

当然，尽信书则不如无书，每个人都有自己独特的体验与经历，找到适合自己的方式才是最好的。

书中的内容多是指导性的，我们希望各位读者能在此基础上提炼出一套独门话术，取长补短，精益求精。

预祝各位读者能联结更多的客户与人群。

目　录

第二章 需求挖掘：了解客户心中所想

第三章 吸引客户：让客户自己感兴趣

第四章 **异议处理：解除客户的顾虑与不满**

第五章　价格谈判：让客户觉得物超所值

第六章　促成交易：临门一脚别马虎

第七章　售后服务：千万不可当儿戏

第八章　客户关系维护：将客户当成朋友

第九章　线上销售：文字也能让客户放宽心

第十章　客户投诉：别把投诉不当一回事

第一章

初次接触：卸下客户防备

客户说，你是干什么的

【情境分析】

客户可能在寻找特定服务或产品，希望了解是否与企业的专业领域相符。

客户可能在与客服代表交流，希望了解客服的角色和能力。

【客户提问】

客户可能会问："你是干什么的？"

【一般回答】	【巧妙回答】
您好，我是 XX 公司的销售人员，主要负责为客户提供优质的产品和服务，帮助他们解决需求和问题。我的目标是确保客户对我们的产品和服务满意，并建立长期的合作关系。如果您有任何关于我们产品或服务的问题，欢迎随时向我咨询。	这个问题我不太好回答，要不您再问点儿别的。

【回复心得】

向客户清晰地介绍自己的角色和职责。

保持友好和专业，确保客户知道他们正在与一个能够提供帮助的人交流。

在回复客户时，要确保你的回答能够体现出企业的专业性和对客户需求的关注。

客户说，你找我做什么

【情境分析】

客户可能没有预料到会收到企业的联系，需要明确联系的目的。

客户可能对企业的联系策略或沟通方式有所疑问。

【客户提问】

客户可能会问："你找我有什么事？"

【一般回答】	【巧妙回答】
我联系您是因为我们有一项新的服务或产品，相信它可能会对您有帮助。	我联系您是因为我们注意到您可能对我们的某些特定服务或产品感兴趣。我想提供更多信息，看看是否有什么可以帮助到您的。

【回复心得】

直接而简洁地说明联系客户的原因，避免使用模糊或通用的语言。

如果有特定的服务或产品推荐，确保这些推荐与客户的需求和兴趣相关。

保持透明和诚信，让客户知道联系的目的，并提供选择或拒绝的选项。

保持专业和礼貌，即使客户对联系感到意外或不便，也要确保他们感到被尊重。

在回复客户时，要确保你的回答能够体现出企业对客户需求的关注，并提供清晰的信息。

客户说，我根本不需要

【情境分析】

客户可能已经评估了他们的需求，并确定当前提供的产品或服务不符合他们的需求。

客户可能对产品或服务的好处不了解，或者认为这些好处不足以吸引他们。

客户可能在比较不同的选项，并决定不选择当前提供的解决方案。

【客户提问】

客户可能会说："我根本不需要你们的产品或服务。"

【一般回答】

我理解您目前可能不觉得需要。如果您将来有任何疑问或需求变化，请随时联系我们。

【巧妙回答】

完全理解，每个人在不同的时间有不同的需求。如果未来您的情况有所变化，或者您想要了解更多关于我们如何帮助您解决潜在问题的信息，请随时与我们联系。

【回复心得】

尊重客户的决定，不要强迫推销。

保持开放的沟通渠道，让他们知道企业随时准备帮助。

避免负面反应，保持积极和专业的态度。

鼓励客户在需求变化时重新考虑，但不要施加压力。

在回复客户时，要确保你的回答能够体现出企业对客户需求的尊重，并保持专业和礼貌。

客户说，别来烦我了

【情境分析】

客户可能觉得与企业的沟通过于频繁或具有侵扰性。

客户可能在忙碌中或不希望在特定时刻被打扰。

客户可能对产品或服务不感兴趣，希望企业能够理解并尊重他们的意愿。

【客户提问】

客户可能会说："请不要再联系我了，别来烦我了。"

【一般回答】	【巧妙回答】
非常抱歉给您带来了不便。我们会立即停止联系您。	我真诚地为给您带来的不便道歉。我们会尊重您的意愿，不再打扰您。如果您将来有任何疑问或需要帮助，我们随时欢迎您主动联系我们。

【回复心得】

立即对客户的不满表示歉意，并承诺停止打扰。

尊重客户的意愿，避免进一步的主动沟通。

提供一个友好的退出选项，让客户知道企业尊重他们的隐私和选择。

保持专业和礼貌，确保客户知道企业愿意在他们准备好时提供帮助。

在回复客户时，要确保你的回答能够体现出企业对客户隐私和选择的尊重。

客户说，你从哪弄到我电话的

【情境分析】

客户可能在考虑信息是如何被收集和使用的，以及这是否符合隐私保护的标准。

客户可能需要确保企业在获取和使用他们的联系信息时遵守了适当的法律和道德规范。

【客户提问】

客户可能会问："你从哪里获得我的电话号码的？"

【一般回答】	【巧妙回答】
我们通过合法的渠道获得了您的联系信息。我们尊重您的隐私，并确保所有信息收集过程都符合相关法律法规。	我们非常重视客户隐私。您的电话号码是通过公开的商业目录、行业展会，或者您之前填写的联系表格等合法渠道获得的。我们严格遵守隐私保护规定，并且只在您同意的情况下使用这些信息。

【回复心得】

向客户保证企业在获取和使用他们的联系信息时遵循了合法和道德的途径。

保持透明和诚信，确保客户知道企业如何使用他们的联系信息，并提供选择退出的权利。

在回复客户时，要确保你的回答能够体现出企业对隐私保护的重视，并提供清晰的信息收集和使用政策。

客户说，你是骗子吗

客户可能因为之前不愉快的经历或对某些业务做法的不信任而产生疑问。

客户可能对企业的联系方式、服务承诺或产品质量持怀疑态度。

客户可能需要更多的信息或证据来确认企业的真实性和可靠性。

【客户提问】

客户可能会问："你们是骗子吗？"

【一般回答】	【巧妙回答】
我们是一家正规注册的公司，我们所有的业务都是合法和诚信的。	我完全理解您的担忧。请允许我提供我们的公司信息、相关证书或客户推荐，以证明我们的合法性和专业承诺。

【回复心得】

向客户保证企业的合法性和诚信度，并提供相应的证据或信息。

如果可能，通过提供公司的官方信息、客户评价或成功案例来增强信任。

保持专业和耐心，即使面对质疑，也要确保客户感到被尊重和理解。

鼓励客户进行进一步的调查或提问，以便提供更多的保证和透明度。

在回复客户时，要确保你的回答能够体现出企业对诚信和透明度的重视，并提供具体的信息来消除客户的疑虑。

客户说，我不是负责人

客户可能在企业中担任不同的角色，并没有决策权。

客户可能在寻求将事务转交给合适的负责人或团队成员。

客户可能需要确保企业与正确的联系人进行沟通。

【客户提问】

客户可能会说："我不是负责人，你可能需要和我的上级或团队的其他成员联系。"

【一般回答】

明白了，请问您能帮我转接给负责人或者提供他们的联系方式吗？

【巧妙回答】

感谢您的告知。能否请您指明我应该联系的负责人或者提供进一步的指导，以便我能够确保我们的沟通顺利进行？

【回复心得】

尊重客户的立场，并请求他们提供正确的联系人或途径。

保持礼貌和专业，即使客户无法直接负责事务。

鼓励客户提供帮助，以便找到能够做出决策的人。

保持灵活性，准备根据客户的指引调整沟通策略。

在回复客户时，要确保你的回答能够体现出企业对客户情况的理解，并展现出愿意与合适的负责人建立联系的意愿。

客户说，我没有权力

【情境分析】

客户可能在组织中拥有有限的职责或权限。

客户可能需要上级批准或团队共识才能继续。

客户可能在寻求将问题或需求上报给有决策权的人员。

【客户提问】

客户可能会说："我没有权力批准这个，你需要和我的上级或决策者谈。"

【一般回答】

我理解您的情况。请问您能帮我联系有权力的决策者，或者告诉我如何与他们取得联系吗？

【巧妙回答】

完全明白，决策过程需要适当的授权。请问我可以如何协助您将这个问题上报给有权力的决策者？或者您能否提供决策者的联系方式，让我能够直接与他们沟通？

【回复心得】

首先表示理解，并尊重客户的立场。

请求客户提供决策者的联系信息或其他协助途径。

如果可能，提供帮助，使客户能够更容易地将问题上报给决策者。

保持专业和耐心，确保客户知道企业愿意配合找到解决方案。

在回复客户时，要确保你的回答能够体现出企业对客户情况的尊重，并展现出愿意配合解决问题的意愿。

客户说，我回去跟老板说一下

【情境分析】

客户可能需要将提案或需求提交给上级或团队讨论。

客户可能在寻求内部共识，以确保决策符合组织的目标和预算。

客户可能在评估不同的选项，并希望与决策者一起做出最佳选择。

【客户提问】

客户可能会说："我需要回去跟老板讨论一下，然后再给你答复。"

【一般回答】	【巧妙回答】
当然，这是一个重要的决定。如果您在讨论过程中有任何问题或需要更多的信息，请随时联系我。	我理解决策过程需要团队的共同考虑。请在您和老板讨论后告知我结果。同时，如果您需要任何额外的信息或数据来支持您的讨论，请随时向我索取。

【回复心得】

尊重客户的决策过程，并提供必要的支持。

告知客户你愿意在他需要时提供进一步的信息或帮助。

保持积极的沟通，确保客户知道企业愿意协助他们完成决策。

保持专业和友好的态度，即使决策过程可能需要一些时间。

在回复客户时，要确保你的回答能够体现出企业对客户需求的关注，并展现出愿意提供帮助和支持的意愿。

客户说，我随便看看

【情境分析】

客户可能在探索可用的选项，比较不同供应商的产品。

客户可能没有具体的购买计划，但对产品或服务感兴趣。

客户可能在寻找信息，以便未来做出更明智的决策。

【客户提问】

客户可能会说："我只是随便看看，了解一下。"

【一般回答】	【巧妙回答】
没问题，请您随意浏览。如果有任何问题或需要帮助，请随时告诉我。	当然，了解产品是非常重要的。如果您在浏览过程中对某个产品感兴趣，或者有任何疑问，我会很乐意为您提供更多信息或建议。

【回复心得】

给予客户足够的空间和时间来自由浏览，不要过度推销。

通过提供帮助和信息，让客户感到舒适和受欢迎。

鼓励客户提出问题，这可能是建立关系和了解需求的第一步。

保持友好和专业，让客户知道企业随时准备提供帮助。

在回复客户时，要确保你的回答能够体现出企业对客户自由选择的尊重，并展现出愿意在客户需要时提供帮助的态度。

客户说，有厕所吗

【情境分析】

客户可能在您的营业场所内需要使用厕所。

客户可能对场所的设施布局不熟悉，需要指引。

【客户提问】

客户可能会问："有厕所吗？"

【一般回答】	【巧妙回答】
有，您可以沿着这条路走到尽头，然后左转就能看到我们的洗手间。	当然，厕所在 XX 位置，如果您不熟悉，我可以亲自带您过去。（在带路的过程中不要推销）

【回复心得】

确认场所内是否有厕所，并提供指引。

如果可能，提供简短明了的方向说明，帮助客户快速找到厕所。

保持友好和乐于助人的态度，确保客户感到舒适和欢迎。

如果客户需要，可以陪同他们到厕所附近，以确保他们能够找到。

在回复客户时，要确保你的回答能够体现出企业对客户需求的关注，并提供清晰的指引。

客户说，别给我推销

【情境分析】

客户可能对销售策略感到不舒服，希望得到更轻松的交流体验。

客户可能已经明确表示了他们的需求或不感兴趣，希望企业尊重他们的意愿。

【客户提问】

客户可能会说："请不要给我推销任何东西，我只是想了解一些信息。"

【一般回答】	【巧妙回答】
我理解您的感受，我们不会向您推销任何东西。如果您有任何问题或需要帮助，请随时告诉我。	当然，我们尊重每位客户的需求和隐私。我在这里是为了提供帮助和信息，而不是推销。如果您愿意，我们可以进行轻松的交流，您可以在任何时候提出问题。

【回复心得】

向客户保证企业重视他们的感受，并愿意提供非强制性的帮助。

如果客户愿意交流，确保对话是开放和友好的，让客户感到舒适。

保持专业和友好的态度，确保客户知道企业重视他们的需求和舒适度。

在回复客户时，要确保你的回答能够体现出企业对客户需求的尊重，并展现出企业愿意在没有压力的环境中提供帮助的意愿。

客户说，我买了你们能赚多少钱

客户可能对产品定价的利润空间感兴趣。

客户可能在考虑产品的价格是否包含了合理的利润。

客户可能希望了解企业是否以诚信和公平的价格提供产品。

【客户提问】

客户可能会问："如果我买了你们的产品，你能从中赚多少钱？"

【一般回答】	【巧妙回答】
我当然会赚到一点佣金，但这是每个销售人员都有的吧，这都很正常。	的确，我能从这里面获得一部分佣金，但是比起这个，我更希望我能为您提供最好的服务。

【回复心得】

避免提供具体的数字，除非这些信息是公开和透明的。

强调企业对产品质量和客户满意度的承诺，以及价格的公平性，并尝试引导话题。

保持专业和诚信，确保客户知道企业在定价时考虑了客户的最佳利益。

在回复客户时，要确保你的回答能够体现出企业对客户关切的理解，并提供有助于建立信任和透明度的信息。

客户说，你们就是想赚我的钱吧

【情境分析】

客户可能对企业的动机有所怀疑，感觉企业更关注利润而非客户利益。

这可能是基于对某些行业惯例的普遍看法，或是客户对特定销售策略的反应。

【客户提问】

客户可能会问："你们就是想赚我的钱吧？"

【一般回答】

我们的目标是提供高质量的产品和服务，同时确保企业能够持续运营和发展。

【巧妙回答】

我们当然希望我们的业务能够盈利，但这并不是我们唯一的目标。我们更看重的是建立长期的客户关系，通过提供有价值的产品和服务来赢得您的信任和满意。

【回复心得】

向客户保证企业追求的是双赢的结果，既满足客户需求也确保企业可持续发展。

避免仅关注利润的讨论，而是转向讨论企业如何为客户创造价值。

保持专业和同理心，确保客户知道企业理解他们的顾虑，并致力于提供超越利润的价值。

在回复客户时，要确保你的回答能够体现出企业对客户利益的关注，并展现出企业致力于提供真正价值的承诺。

客户说，有需要我再找你

【情境分析】

客户可能在对产品或服务进行初步了解，但尚未决定是否购买。

客户可能在考虑他们的选项，或等待特定的购买时机。

客户可能对企业的产品或服务持开放态度，但目前没有明确的需求。

【客户提问】

客户可能会说："我现在还在考虑，有需要我会再联系你。"

【一般回答】	【巧妙回答】
当然，如果您有任何问题或需求，请随时联系我。	我完全理解。请在您准备好时随时联系我，我在这里随时准备帮助您。

【回复心得】

尊重客户的决定，不要施加压力或强迫。

提供开放的沟通渠道，让客户知道企业随时准备提供帮助。

保持友好和专业的态度，让客户感到舒适和受欢迎。

可以适时跟进，但要确保不过于频繁或侵扰客户的私人时间。

在回复客户时，要确保你的回答能够体现出企业对客户需求的关注，并展现出企业愿意在客户准备好时提供帮助的意愿。

第二章

需求挖掘：了解客户心中所想

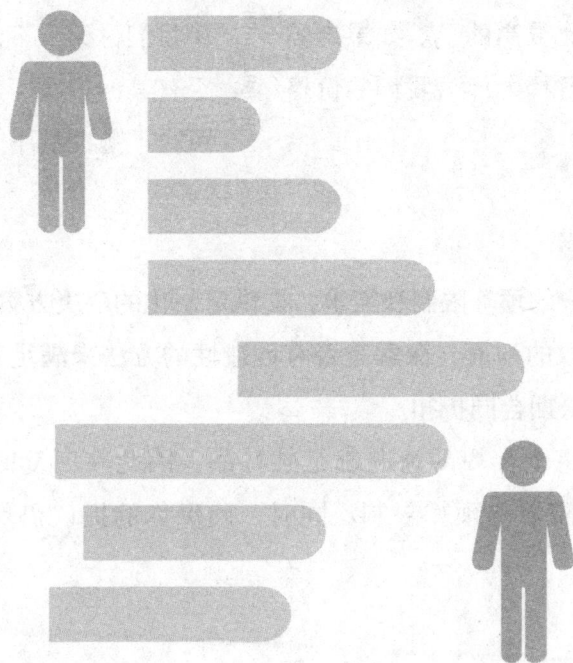

客户说，我想要便宜的

【情境分析】

客户可能对价格敏感，正在寻找成本效益最高的解决方案。

这可能是客户的初步反应，他们可能还没有完全了解产品或服务的全部价值。

客户可能在比较不同的供应商，试图找到价格最低的选择。

【客户提问】

客户可能会说："我想要更便宜的选项，你们能提供吗？"

【一般回答】	【巧妙回答】
我们提供的产品/服务已经是市场上性价比很高的了。如果您需要，我可以解释为什么我们的价格是合理的。	我理解预算是一个重要因素。让我们讨论一下您的需求，看看是否有其他方案可以满足您的预算，同时不牺牲品质。

【回复心得】

了解客户的预算限制和需求，提供定制化的解决方案。

保持开放的沟通，探索是否有创造性的方法来满足客户的需求，比如分期付款或长期合同折扣。

记住，每个客户的情况都是独特的，因此在回复时要灵活并考虑到客户的具体需求和预算限制。同时，确保你的提议仍然能够为公司带来利润。

客户说，你觉得我适合什么

客户可能对选择感到不确定，需要专业的建议来帮助他们作出决定。

这可能是客户对产品或服务不熟悉，需要更多的信息来理解不同选项。

客户可能在寻求一种个性化的体验，希望感受到被重视和理解。

【客户提问】

客户可能会问："你觉得我适合什么？"

【一般回答】	【巧妙回答】
基于您的需求和偏好，我认为我们的产品 A 或服务 B 可能非常适合您。	考虑到您的独特需求和目标，我建议我们先进行一次深入的讨论，这样我可以更好地了解您的情况，并为您提供最合适的建议。

【回复心得】

展示你的专业知识和对客户需求的理解，提供个性化的推荐。

通过提问来进一步了解客户的具体需求、偏好和预算，以确保推荐的相关性。

强调你的目标是帮助客户找到最适合他们的解决方案，而不仅仅是销售产品。

在回复客户时，要确保你的回答是基于对客户情况的深入理解，并且能够体现出你的专业度和对客户的关心。

客户说，我们老板不同意呀

客户可能需要说服他们的上级或决策者，这可能涉及额外的沟通和证明。

老板可能对提案有疑虑或不了解提案的全部价值和利益。

可能存在预算限制或其他内部政策，导致老板不同意。

【客户提问】

客户可能会说："我们老板不同意这个提案，我们该怎么办？"

【一般回答】	【巧妙回答】
我理解内部决策可能需要时间。我们可以一起回顾提案的关键点，看看是否有办法解决老板的顾虑。	我完全理解决策过程的重要性。让我们找出老板的主要顾虑是什么，然后我们可以提供额外的数据或案例来支持我们的提案。

【回复心得】

保持耐心和专业，认识到决策过程可能需要时间和多方面的考虑。

提供额外的信息或数据来支持你的提案，帮助客户解决老板的疑虑。

考虑安排一次会议或电话会议，直接与决策者沟通，以便更清晰地传达提案的价值。

探索是否有替代方案或调整提案以更好地适应客户的内部要求和限制。

客户说，我们已经有其他同类产品了

客户可能对现有产品感到满意，但仍然对新的可能性持开放态度。

客户可能在评估不同产品之间的差异，以确定是否有更换或补充现有产品的理由。

客户可能在寻求成本效益分析，以确定是否值得更换或增加新的产品。

【客户提问】

客户可能会说："我们已经有了类似的产品，为什么我们还需要考虑你们的？"

【一般回答】	【巧妙回答】
我理解您已经有了其他产品。不过，我们的产品有一些独特的特点和优势，可能能够补充或改善您现有的解决方案。	每个产品都有其独特的价值。让我们详细讨论一下，看看我们的解决方案在哪些方面能够提供额外的价值或解决您可能尚未注意到的问题。

【回复心得】

保持开放和诚实的态度，如果客户确实不需要你的产品，尊重他们的决定，并保持沟通和关系。

在回复客户时，要确保你的回答基于对客户需求的深刻理解，并展示出你的产品如何提供真正的价值。同时，保持灵活性，准备好根据客户的反馈调整你的提案。

客户说，我没时间

客户可能确实面临时间压力，难以抽出时间来进一步讨论。

客户可能对提案不够感兴趣，因此不愿意投入时间。

客户可能需要更多的信息或激励来认识到投入时间的价值。

【客户提问】

客户可能会说："我现在很忙，没有时间进一步讨论这个。"

【一般回答】	【巧妙回答】
我理解您时间宝贵。我们可以安排一个简短的会议，快速概述关键点，不会占用您太多时间。	时间确实是最宝贵的资源。让我们确定一个对您来说最方便的时间，我会准备一个精练的演示，确保每一分钟都物有所值。

【回复心得】

尊重客户的时间，提出灵活的安排，以适应他们繁忙的日程。

提供一个清晰、简洁的概述，突出提案的关键优势和紧迫性。

如果可能，通过电子邮件或文档提供关键信息，让客户可以在自己的时间里审查。

保持沟通的高效率，避免冗长和不必要的细节，专注于客户最关心的点。

在回复客户时，要展现出你对客户时间的尊重，同时提供高效、有价值的信息交流方式。通过这种方式，你可以帮助客户看到即使在忙碌中，投入时间了解你的提案也是值得的。

客户说，我做不了主

【情境分析】

客户可能需要与上级或团队成员沟通，以获得必要的批准。

客户可能在寻求建议或支持，以说服决策者。

客户可能在测试你的反应，看你是否能够提供有说服力的论据。

【客户提问】

客户可能会说："我对这个项目很感兴趣，但我做不了主。"

【一般回答】

我理解您需要与决策者协商。我可以提供一些额外的信息或数据，帮助您向他们展示这个提案的价值。

【巧妙回答】

我完全理解决策过程可能涉及多个方面。让我们讨论一下关键点，我可以准备一份详细的报告，以便您向决策者清晰地传达我们的提案。

【回复心得】

展示你的理解和支持，提供必要的信息和材料，帮助客户说服决策者。

提供清晰的论据和数据，强化提案的价值和紧迫性。

保持耐心和灵活性，准备好根据客户的反馈调整你的提案或策略。

在回复客户时，要确保你的回答基于对客户情况的深入理解，并提供实际的帮助来支持他们的决策过程。同时，保持积极的态度，即使客户不是最终决策者，也要保持与他们的沟通和关系。

客户说，我再考虑考虑

【情境分析】

客户可能需要时间来思考提案的全部含义和潜在影响。

客户可能在等待更多信息或反馈，以帮助他们作出决定。

客户可能在比较不同的选项或供应商，尚未作出最终决定。

【客户提问】

客户可能会说："我现在还不能决定，我需要再考虑考虑。"

【一般回答】

当然，这是一个重要的决定。如果您有任何问题或需要更多的信息，请随时告诉我。

【巧妙回答】

我完全理解您需要时间来深思熟虑。我可以提供一些额外的资源或安排一次跟进会议，以便您在考虑时有任何疑问都能得到解答。

【回复心得】

尊重客户的决定过程，不要给他们压力，但要表明你随时准备提供帮助。

提供额外的信息或资源，帮助客户更好地理解提案，并解决他们可能的疑虑。

建议设定一个跟进日期，以便在客户考虑后进行进一步的讨论。

在回复客户时，要展现出你的耐心和理解，同时确保客户知道你愿意在他们准备好时提供进一步的帮助和信息。通过这种方式，你可以在不施加压力的同时，保持与客户的积极互动。

客户说，我们内部讨论一下

【情境分析】

客户可能需要在内部评估提案的可行性和优势。

客户可能在寻求不同意见，以确保做出全面的决策。

客户可能需要时间来整理和呈现提案，以获得内部的支持。

【客户提问】

客户可能会说："我们想先内部讨论一下，然后再给你答复。"

【一般回答】	【巧妙回答】
没问题，内部讨论是决策过程中的重要一步。如果讨论中有任何问题或需要我提供额外信息，请随时联系我。	我完全理解。在您内部讨论期间，如果有任何可以帮助阐明提案的点或需要进一步的数据支持，请告诉我，我很乐意提供。

【回复心得】

尊重客户的内部决策流程，不要催促或施加压力。

提供必要的支持和信息，以便客户可以在讨论中使用。

询问是否需要你参与或提供任何特定信息以支持他们的讨论。

保持沟通渠道的开放，并准备好在客户需要时提供帮助。

在回复客户时，要展现出你的合作意愿和对他们决策过程的尊重。同时，确保他们知道你随时准备提供所需的支持和信息，以帮助他们做出最佳决策。

客户说，还有什么额外服务

客户可能对当前服务感到满意，并希望了解是否有其他可以提升体验的服务。

客户可能在寻找更具个性化或定制化的服务选项。

客户可能再比较不同供应商的服务范围，以确定是否有更全面的服务包。

【客户提问】

客户可能会问："除了基本服务，你们还提供什么额外服务吗？"

【一般回答】	【巧妙回答】
我们提供一系列增值服务，比如定制咨询、高级技术支持和专属客户经理。我可以详细解释这些服务如何满足您的需求。	我们致力于为客户打造全面的服务体验。除基本服务外，我们还有一系列定制选项，旨在满足您的特定需求。让我们一起探讨这些可能性，看看哪些最适合您。

【回复心得】

展示你了解客户可能的需求，并准备好提供相应的服务。

强调服务的个性化和定制化，以展示你愿意满足客户的特定需求。

提供具体的例子或案例，说明额外服务如何为其他客户带来价值。

在回复客户时，要确保你的回答基于对客户需求的深刻理解，并展示出你的服务如何提供真正的价值。同时，保持灵活性，准备好根据客户的反馈调整你的服务提案。

客户说，你跑了怎么办

【情境分析】

客户可能对长期合作的持续性有所顾虑。

客户可能之前有过不良的合作经历，导致对新合作伙伴的信任度有所保留。

客户可能需要额外的保证或证据来建立信任。

【客户提问】

客户可能会问："如果我们合作了，但你突然不做了怎么办？"

【一般回答】

我们公司一直致力于为客户提供长期稳定的服务。我们有着良好的业务记录和客户满意度，您可以放心我们对承诺的坚守。

【巧妙回答】

我理解建立信任是长期合作的关键。我们公司有着坚实的业务基础和专业的团队，致力于确保每一位客户的成功和满意。此外，我们有明确的服务协议和客户支持政策，确保您在合作过程中的权益。

【回复心得】

强调公司的稳定性、专业性和对客户的承诺。

保持透明和诚实，如果有任何可能影响服务持续性的因素，应提前与客户沟通。

在回复客户时，要展现出你的诚信和对客户关切的理解，同时提供具体的信息和保证来建立信任。通过这种方式，你可以缓解客户的担忧，并为建立长期的合作关系打下坚实的基础。

客户说，后期有问题找你都找不到

【情境分析】

客户可能对供应商的售后服务和响应速度有所顾虑。

客户可能担心在遇到问题时无法及时得到解决。

客户可能需要了解供应商的客户服务流程和保障措施。

【客户提问】

客户可能会问："如果我们后期遇到问题，找不到你们怎么办？"

【一般回答】	【巧妙回答】
我们公司提供全面的客户支持服务。即使在项目后期，您也可以通过多种渠道与我们联系，包括电话、电子邮件和在线聊天。	我们非常重视客户的持续满意度，因此我们建立了一套完善的客户服务体系。无论何时您遇到问题，都可以通过我们提供的多种沟通渠道快速获得帮助。此外，我们有专门的客户服务团队，确保您的问题能够得到及时和专业的解决。

【回复心得】

向客户保证他们在整个合作周期内都能得到及时的支持和响应。

详细介绍你的客户服务流程、响应时间和联系方式，让客户感到安心。

在回复客户时，要确保你的回答能够缓解他们的担忧，并展示出你的服务承诺和专业能力。通过这种方式，你可以建立起客户的信任，并为长期的合作关系打下良好的基础。

客户说，你们会负责到底吗

【情境分析】

客户可能担心在项目实施过程中或之后，遇到问题时供应商的责任感。

这可能反映了客户对长期合作关系的期望和对供应商可靠性的关注。

客户可能需要了解供应商的服务承诺和保障措施。

【客户提问】

客户可能会问："你们会负责到底吗？"

【一般回答】

当然，我们承诺会全程负责，确保您的需求得到满足，并且在项目实施过程中及之后提供必要的支持。

【巧妙回答】

我们公司非常重视对客户的承诺，我们的服务不仅仅局限于项目启动阶段。我们会持续跟进，确保项目的成功，并在您需要时提供全力支持。

【回复心得】

明确表达你对客户项目成功和满意度的承诺。

强调公司对持续服务和支持的重视，以及在客户需要时提供帮助的决心。

在回复客户时，要确保你的回答能够建立信任，传达出你公司对客户承诺的重视，以及在项目全周期内提供支持的决心。通过这种方式，你可以加强客户的安全感，并促进双方建立稳固的合作关系。

客户说，要是价格再便宜点就好了

【情境分析】

客户可能认为价格超出了他们的预算范围。

客户可能在比较不同供应商的报价，寻找最具成本效益的选项。

客户可能希望确认他们是否得到了最优惠的价格。

【客户提问】

客户可能会说："我很喜欢你们的产品，但要是价格再便宜点就好了。"

【一般回答】

我们的价格已经考虑了质量和服务的价值。不过，我可以帮您检查是否有任何当前的促销或折扣可以应用。

【巧妙回答】

我理解预算的重要性。让我们探讨一下您的具体需求，看看是否有灵活的方案或不同的服务层次，可以适应您的预算。

【回复心得】

保持开放的沟通，了解客户的预算限制，并探索可能的解决方案。

强调产品或服务的价值，解释为什么当前的定价是合理的。

保持诚实和透明，如果无法降价，清楚地解释原因，并强调客户将获得的价值。

在回复客户时，要确保你的回答能够体现出对客户预算的理解和尊重，同时提供创造性的解决方案来满足他们的需求。通过这种方式，你可以在不牺牲价值的前提下，帮助客户找到合适的选项。

客户说，有空我联系你

【情境分析】

客户可能确实忙碌，需要在合适的时间再进行联系。

客户可能需要进一步思考或与其他人商量后才能作出决定。

这可能是客户的一种委婉说法，实际上他们可能对当前的提案不感兴趣或需要更多信息。

【客户提问】

客户可能会说："我现在有点忙，有空我会联系你的。"

【一般回答】

当然，我完全理解。如果您有任何问题或需要进一步的信息，请随时与我联系。

【巧妙回答】

没问题，我在这里随时准备帮助您。为了确保您在需要时能够轻松找到我，我可以提供一个简短的跟进提醒或发送一些额外资料供您参考。

【回复心得】

尊重客户的时间和决定，不要显得过于迫切或施加压力。

提供方便客户联系的方式，比如留下联系方式或设置自动提醒。

保持积极的态度，即使客户现在不立即作出决定，也要确保他们知道你随时准备提供帮助。

在回复客户时，要确保你的回答能够体现出对客户时间的尊重和对他们需求的理解。同时，保持沟通渠道的开放，并准备好在客户准备好时提供进一步的帮助。

客户说，如果你是我，你会怎么选

【情境分析】

客户可能在寻求一个第三方的客观意见。

客户可能在考虑不同的选项，希望得到一个更深入的分析来帮助他们作出决定。

客户可能想要验证他们的选择是否与行业专家的观点一致。

【客户提问】

客户可能会问："如果你是我，面对这种情况，你会怎么选择？"

【一般回答】	【巧妙回答】
如果我站在您的角度，我会考虑……（某些因素或标准）基于这些因素，我可能会选择……（某个选项）	作为一个专业人士，如果我面临您的情况，我会首先考虑……（关键因素）其次根据这些因素来权衡不同的选择。不过，每个人的情况都是独特的，最终的决定应该基于您自己的需求和偏好。

【回复心得】

从专业角度出发，提供基于经验的见解和建议。

避免直接告诉客户该怎么做，而是提供信息和选项，让他们自己做出最适合自己的选择。

在回复客户时，要确保你的回答基于对客户需求和情况的深刻理解，并提供有根据的建议。通过这种方式，你可以建立起客户的信任，并帮助他们做出明智的决策。

第三章
吸引客户：让客户自己感兴趣

客户说，这款我不喜欢

【情境分析】

客户可能对产品的外观、功能或价格等方面有特定的期望。

客户可能在比较不同的产品，寻找最符合自己需求的选项。

客户可能需要更多的信息或建议来帮助他们做出选择。

【客户提问】

客户可能会说："这款产品我不喜欢，有没有其他的推荐？"

【一般回答】

我理解每个人的喜好都是不同的。我们有其他款式或功能的产品，我可以为您介绍。

【巧妙回答】

当然，选择产品是一个个性化的过程。我很乐意了解您不喜欢这款产品的哪些方面，这样我可以更准确地推荐符合您口味的其他选项。

【回复心得】

尊重客户的个人喜好，并表现出愿意帮助他们找到更合适的产品。

提供替代选项，并强调这些选项如何满足客户的具体需求或偏好。

保持积极和乐于助人的态度，即使客户不喜欢当前的产品，也要确保他们对你的服务感到满意。

在回复客户时，要确保你的回答体现出对客户偏好的尊重和理解，同时提供有帮助的建议和替代选项。通过这种方式，你可以增强客户体验，并可能将不满意的客户转变为满意的客户。

客户说，你们的产品有什么功能

【情境分析】

客户可能在初步了解阶段，对产品的具体作用和优势还不太了解。

客户可能在比较不同产品的功能，以确定哪个最适合他们。

客户可能需要明确产品的功能来帮助他们做出购买决定。

【客户提问】

客户可能会问："你们的产品有哪些功能？"

【一般回答】

我们的产品具有多种功能，包括……（列举功能）这些功能可以帮助您……（说明好处）

【巧妙回答】

我们的产品设计了一系列创新功能，旨在解决……（客户可能遇到的问题）让我向您详细说明这些功能如何满足您的需求。

【回复心得】

清晰、准确地描述产品的主要功能和它们如何使客户受益。

如果可能，提供实际应用案例或演示，让客户更直观地了解产品功能。

保持简洁明了，避免过多技术性细节，除非客户表现出对此的兴趣。

在回复客户时，要确保你的回答直接针对他们的问题，并提供足够的信息来帮助他们理解产品的价值。同时，展现出你愿意进一步帮助他们了解产品，并解答他们可能的任何疑问。

客户说，你们的包装怎么样

【情境分析】

客户可能关心产品在运输过程中的安全性。

客户可能对产品的外观设计和品牌形象感兴趣。

客户可能在考虑产品作为礼物的适用性，因此对包装的质量有特别的要求。

【客户提问】

客户可能会问："你们产品的包装怎么样？"

【一般回答】	【巧妙回答】
我们的包装设计旨在确保产品在运输过程中的安全，并提供吸引消费者的外观。	我们非常注重包装的细节，它不仅保护产品免受运输途中的损害，还反映了我们对品质的承诺。我可以向您展示我们的包装样品或图片，让您更直观地了解。

【回复心得】

强调包装的功能性，如保护产品免受损害。

突出包装的美观性，如果适用，说明它如何增加产品的吸引力。

如果可能，提供包装的图片或样品，让客户有更直观的认识。

在回复客户时，要确保你的回答能够满足他们对包装质量、安全性和外观的关切。通过提供具体的信息和示例，帮助客户建立对产品包装的信心。同时，展现出你愿意根据客户的具体需求提供个性化服务的意愿。

客户说，送别人，别人会接受吗

【情境分析】

客户可能对礼物接收者的喜好和需求不太确定。

客户可能希望礼物能够给人留下深刻印象并被欣然接受。

客户可能在寻找一个适合特定场合或个人喜好的礼物。

【客户提问】

客户可能会问："如果我送这个给别人，他们会喜欢吗？"

【一般回答】

我们的产品很受欢迎，设计精美且实用，通常作为礼物非常合适。

【巧妙回答】

选择礼物确实需要考虑接收者的喜好，但我们的产品因其高质量和独特设计而广受好评。我可以帮您了解一下接收者的兴趣，以便更精确地推荐合适的礼物。

【回复心得】

强调产品的优点和它作为礼物的普遍吸引力。

提供个性化的建议，帮助客户选择最适合接收者的礼物。

如果可能，了解接收者的兴趣和偏好，提供定制化的礼物建议。

保持积极的态度，即使客户最终选择其他礼物，也要确保他们对你的服务感到满意。

在回复客户时，要确保你的回答能够缓解他们的担忧，并提供有帮助的建议来帮助他们作出决定。展现出你愿意帮助他们选择一个合适的礼物，以确保接收者会喜欢和接受。

客户说，太普通了，没啥特点

客户可能对市场上常见的产品感到不满足，希望找到更具特色或个性化的选项。

客户可能在寻找能够反映他们个人品味或符合特定场合的独特礼物。

客户可能对产品的第一印象或描述感到不够有吸引力，需要更深入地了解产品的独特卖点。

【客户提问】

客户可能会问："我觉得这个产品太普通了，它有什么特别之处吗？"

【一般回答】

我们的产品在设计和功能上都经过精心考虑，虽然看起来简单，但其实包含了很多细致的特点和优势。

【巧妙回答】

我理解您对独特性的追求。我们的产品确实在某些方面保持了经典设计，但同时也融入了一些创新元素。让我为您详细介绍这些可能被忽略的特点，它们可能会改变您的看法。

【回复心得】

认真倾听客户的关切，并尝试从他们的角度理解为何觉得产品普通。

提供比较和对比，展示您的产品与市场上其他产品的区别。

在回复客户时，要确保你的回答能够解决他们对产品普遍性的担忧，并提供足够的信息来展示产品的独特价值。同时，展现出你愿意进一步帮助他们探索产品的特点，以满足他们对特色的需求。

客户说，和市面上的也没区别

【情境分析】

客户可能经过比较后，未能发现产品的独特卖点或优势。

客户可能对市场上的产品有深入了解，需要更有说服力的差异化特点。

客户可能对新颖性和创新性有更高的期待。

【客户提问】

客户可能会问："我觉得你们的产品和其他市面上的产品比起来没有什么不同。"

【一般回答】	【巧妙回答】
我理解您的观点，但我们的产品在……（某些方面）确实有其独到之处，这些特性能够提供……（具体好处）	您的意见非常宝贵。我们的产品确实在第一眼看来可能和市面上的一些产品相似，但其实我们在……（某些细节或技术）上做了特别的优化和创新，这些都能够带来……（具体差异化的好处）

【回复心得】

突出产品的独特功能、创新点或客户服务等差异化元素。

提供具体的案例或证据来支持你的论点，如客户评价、奖项或技术专利。

在回复客户时，要确保你的回答能够清晰地传达产品的独特价值，同时展现出你愿意帮助他们更深入了解产品，以期建立信任并促进决策。

客户说，你们送货太慢了

客户可能基于之前的体验或与竞争对手的比较，觉得当前的发货流程不够迅速。

客户可能急需产品，对延迟发货感到沮丧。

客户可能对整个供应链的效率有疑问，希望了解企业如何改进。

【客户提问】

客户可能会问："我看了你们的流程，你们的发货速度太慢了，能改进吗？"

【一般回答】	【巧妙回答】
抱歉，我们之前一直都是这样的，如果您急需，我看看能不能给您提前发货。我们也会审查和改进我们的发货流程，以减少等待时间。	感谢您提出宝贵的反馈。我们理解快速发货的重要性，并正在采取措施优化我们的流程。我们愿意与您一起找到一个更快的解决方案，以满足您的需求。

【回复心得】

及时承认问题并向客户保证正在寻求解决方案。

展示出对客户体验的重视，以及愿意采取具体措施来改善服务。

在回复客户时，要确保你的回答能够体现出对客户关切的理解，并传达出企业正在采取积极措施来改善情况。同时，展现出愿意与客户合作，提供定制化解决方案的开放态度。通过这种方式，可以增强客户的信任，并可能将不满转化为未来的忠诚。

客户说，可以货到付款吗

【情境分析】

客户可能对在线支付或提前支付存在顾虑。

货到付款可以为顾客提供额外的安心感，因为他们可以在支付前检查商品。

客户可能更习惯或更倾向于使用货到付款作为支付方式。

【客户提问】

客户可能会问："你们提供货到付款服务吗？"

【一般回答】

是的，我们可以提供货到付款服务。您在收到商品并检查无误后，再将款项支付给送货员。

【巧妙回答】

当然可以，我们理解有些客户更倾向于货到付款，这样您可以在支付前亲自检查商品。我们会在发货时安排好，确保您能够方便地使用这种支付方式。

【回复心得】

确认是否提供货到付款服务，并清晰地告知客户如何操作。

如果提供该服务，强调对客户支付偏好的理解和尊重。

如果不提供，可以解释原因，并询问客户是否需要其他帮助或建议其他支付方式。

在回复客户时，要确保你的回答能够体现出对客户需求的理解和尊重，同时提供清晰的指引或替代方案。通过这种方式，可以使客户感到被重视，并增加他们对交易的安心感。

客户说，你们的优势在哪里

【情境分析】

客户可能在寻找特定的价值主张，以确定你的产品或服务是否符合他们的需求。

客户可能在考虑性价比、质量、服务、创新或其他差异化因素。

客户可能对市场上的选择感到不确定，希望了解你的企业如何脱颖而出。

【客户提问】

客户可能会问："你们的优势在哪里？我为什么要选择你们而不是其他竞争对手？"

【一般回答】	【巧妙回答】
我们的优势在于我们高质量的产品、优秀的客户服务和具有竞争力的价格。我们致力于为客户提供最佳的购买体验。	选择我们，您将享受到我们独有的产品特性、定制化服务和行业内领先的技术支持。我们的优势不仅体现在产品上，还包括我们对客户需求的深刻理解和快速响应能力。

【回复心得】

突出你的产品或服务的关键优势，确保这些优势与客户的需求和期望相匹配。

在回复客户时，要确保你的回答能够清晰地传达你的企业的独特价值，同时展现出你对客户需求的深刻理解和满足这些需求的能力。通过这种方式，你可以增强客户的信心，并可能促成交易。

客户说，产品有质量问题怎么办

【情境分析】

客户可能对产品的质量有所顾虑，希望了解企业对质量问题的处理机制。

客户可能在评估企业的服务质量和可靠性。

【客户提问】

客户可能会问："如果产品有质量问题，你们会怎么处理？"

【一般回答】

我们对产品质量问题非常重视。如果您遇到问题，请提供具体信息，我们将按照我们的服务政策和流程迅速为您解决。

【巧妙回答】

我们承诺提供高品质的产品，并确保每位客户的满意度。关于您提到的质量问题，请详细描述您遇到的问题，我们会立即启动我们的质量问题响应流程，包括问题诊断、解决方案提供以及必要的补救措施，确保您的问题得到及时和妥善的处理。

【回复心得】

向客户保证企业有一套成熟的质量问题处理流程，让客户感到安心。

强调企业对客户满意度的承诺，以及在问题发生时提供快速和有效支持的决心。

在回复客户时，要确保你的回答能够体现出企业的专业可靠性和对客户体验的重视。通过这种方式，即使在客户提出潜在问题时，也能转化为展示企业服务质量的机会。

客户说，我朋友用过，说不好用

客户可能因为朋友的负面体验而对产品持有预设的负面看法。

客户可能在寻求保证，希望了解企业如何处理此类反馈并改进产品。

【客户提问】

客户可能会问："我朋友用过你们的产品，他说不好用，这是怎么回事？"

【一般回答】	【巧妙回答】
我们很抱歉听到您朋友的体验不尽如人意。我们一直致力于提升产品性能和用户体验，请告诉我更多关于他们遇到的问题，我们会认真对待并努力改进。	听到这样的反馈我们感到非常遗憾。我们始终致力于提升产品体验，并且不断进行改进。请问您的朋友具体是在哪方面觉得不满意呢？我们可以提供帮助，或者针对具体问题提供解决方案。同时，我们也有很多其他用户通过使用我们的产品获得了积极的结果，也许您也会对这些案例感兴趣。

【回复心得】

保持正面和建设性的态度，即使面对负面反馈，也要展现企业的专业性和对客户的关怀。

在回复客户时，要确保你的回答能够传达出企业对客户体验的重视，以及对持续改进的承诺。通过这种方式，你可以帮助转变客户的看法，并可能将不满意的体验转化为提升产品的机会。

客户说，你们还和谁合作过

【情境分析】

客户可能对企业的市场信誉和业务能力感兴趣。

客户可能在寻找与知名企业合作的案例，以此来判断企业的实力。

客户可能想了解企业在行业内的联系网络和合作模式。

【客户提问】

客户可能会问："你们过去和哪些公司或品牌有过合作？"

【一般回答】	【巧妙回答】
我们与多家知名企业建立了合作关系，包括……（列举合作伙伴名称）这些合作覆盖了不同的业务领域和市场。	我们的合作伙伴网络非常广泛，包括行业内的领导者和创新者。例如，我们与……（列举知名合作伙伴）有过深入的合作，这些合作案例展示了我们在行业中的影响力和专业能力。

【回复心得】

突出展示企业与知名合作伙伴的合作案例，以增强客户的信任感。

如果可能，提供具体的合作成果或案例研究，让客户更直观地了解合作效果。

保持诚实和透明，确保提供的合作伙伴信息是准确和最新的。

在回复客户时，要确保你的回答能够体现出企业的合作实力和业务范围，同时展现出企业在行业内的积极形象和专业能力。通过这种方式，你可以帮助客户建立起对企业的信任，并可能促进合作关系的建立。

客户说，我推荐朋友过来，有什么好处

【情境分析】

客户可能对企业的推荐奖励政策感兴趣，这可以增加他们对品牌的忠诚度。

客户可能在寻找额外的价值，以增强他们与企业的合作关系。

【客户提问】

客户可能会问："如果我推荐朋友使用你们的产品或服务，我能获得什么好处？"

【一般回答】

我们非常感激客户的推荐，通常会提供一些优惠或奖励来表达我们的感谢。具体的好处可能包括折扣、积分或其他形式的回报。

【巧妙回答】

我们非常重视客户的推荐，因为这是对我们产品和服务最好的认可。作为感谢，我们有一个推荐奖励计划，确保您和您的朋友都能从中获益。我可以向您详细介绍这个计划的细节。

【回复心得】

展示企业愿意与客户分享成功和价值的意愿，增强客户的忠诚度。

保持积极的态度，鼓励客户进行推荐，并确保他们了解推荐过程的简便性。

在回复客户时，要确保你的回答能够体现出企业对客户推荐行为的感激之情，并提供具体的奖励信息。通过这种方式，你可以帮助激发客户的推荐意愿，并增强他们与企业的关系。

客户说，能不能免费试用一下

【情境分析】

客户可能对产品的功能或效果持观望态度，希望通过试用来降低购买风险。

免费试用可以作为客户体验产品优势的一个机会，有助于建立信任。

【客户提问】

客户可能会问："我可以免费试用你们的产品吗？"

【一般回答】

我们可以提供试用期，具体的条件和时长会根据不同的产品而有所不同。我可以帮您查看当前的试用政策。

【巧妙回答】

我们非常希望您能体验我们的产品。确实，我们提供了免费试用选项，让您能够在购买前亲自感受产品的优势。让我向您介绍如何开始试用。

【回复心得】

确认是否提供试用，并提供相关的详细信息，如试用的条件、期限和任何限制。

保持积极的态度，即使客户最终决定不购买，也要确保他们对试用体验感到满意。

在回复客户时，要确保你的回答能够体现出企业对客户体验的重视，并提供清晰的试用流程。通过这种方式，你可以帮助客户更自信地做出购买决定，并可能促进交易的完成。

客户说，后续的工作，你们会怎么安排

【情境分析】

客户可能对合作后的工作流程、时间表或责任分配感兴趣。

客户可能在评估企业在项目执行和客户服务方面的专业性和可靠性。

客户可能需要确保后续工作能够顺利进行，以满足他们的需求和预期。

【客户提问】

客户可能会问："我们签约后，你们会如何安排后续的工作？"

【一般回答】

一旦我们达成合作，我们会根据您的需求和项目的具体要求，制订详细的工作计划和时间表。我们会与您紧密沟通，确保每一步都符合您的期望。

【巧妙回答】

我们非常注重项目的顺利执行。后续工作将由我们的专业团队负责，我们会提供一份详细的项目实施计划，包括关键里程碑、交付物和预期成果。我们的目标是确保透明度和效率，让您全程了解项目进展。

【回复心得】

如果可能，提供项目计划或时间线的具体示例，以展示企业的专业能力。

保持开放和灵活的态度，准备好根据客户的反馈调整计划。

在回复客户时，要确保你的回答能够体现出企业对项目细节的关注和对客户需求的响应能力。通过这种方式，你可以帮助客户建立起对企业的信任，并确保双方合作的顺利进行。

第四章

异议处理：解除客户的顾虑与不满

客户说，你们的品牌我都没听说过

【情境分析】

客户可能对市场上的新品牌或较小众品牌不够了解。

这可能表明品牌需要在市场推广和宣传方面加大力度。

客户可能对品牌缺乏了解，但对尝试新产品或服务持开放态度。

【客户提问】

客户可能会问："你们的品牌我都没听说过，能介绍一下吗？"

【一般回答】	【巧妙回答】
我们的品牌可能还没有达到广泛的知名度，但我们一直致力于提供高品质的产品和优秀的客户服务。	我很高兴有机会向您介绍我们的品牌。虽然我们可能不是最知名的，但我们专注于质量和创新，并且已经获得了一些忠实的客户和行业内的认可。

【回复心得】

保持积极的态度，将客户的不了解视为一个介绍品牌的机会。

简洁明了地介绍品牌的核心价值、产品特点和客户可能感兴趣的优势。

鼓励客户了解更多信息，可以提供网站链接、产品目录或邀请他们关注品牌的社交媒体账号。

在回复客户时，要确保你的回答能够清晰地传达品牌的价值主张，并激发客户的兴趣。通过这种方式，你可以帮助客户建立起对品牌的认识，并可能促成初次尝试或购买。

客户说，你们的质量没问题吧

【情境分析】

客户可能之前有不好的购物经历，导致对新品牌或产品存在疑虑。

他们可能对产品的性能、耐用性或可靠性有具体的担忧。

客户可能在比较不同品牌，希望选择质量上乘的产品。

【客户提问】

客户可能会问："你们的质量有保障吗？会不会有问题？"

【一般回答】

我们非常重视产品质量，所有产品在出厂前都经过了严格的质量检验。

【巧妙回答】

质量是我们的首要承诺。我们采用高标准的原材料，并执行严格的生产流程和质量控制措施，确保每一位客户都能获得优质的产品。同时，我们也提供完善的售后服务，以解决您可能遇到的任何问题。

【回复心得】

向客户保证产品质量，并简要介绍企业的质量管理体系。

保持诚实和透明，如果产品有已知的限制或需要特定的使用条件，应该提前告知客户。

在回复客户时，要确保你的回答能够体现出企业对产品质量的重视和对客户关切的理解。通过这种方式，你可以帮助建立客户的信任，并促进购买决策。

客户说，你们的品牌太小，我不放心

【情境分析】

客户可能因为品牌在市场上的知名度不高而担心其产品的质量和售后服务。他们可能需要额外的保证来消除这些顾虑。

【客户提问】

客户可能会问："你们的品牌规模较小，我不太放心。"

【一般回答】

虽然我们的品牌规模相对较小，但我们对产品质量和客户满意度有着严格的标准和承诺。

【巧妙回答】

我们品牌虽然规模不大，但正因如此，我们能够更灵活、更贴近客户的需求。我们专注于提供高品质的产品和个性化的服务，许多客户因为我们的专注和热情而成为我们的忠实粉丝。我很高兴能分享他们的成功故事和对我们的评价。

【回复心得】

强调品牌虽小但具有高度的专业性和对客户的关注。

展示品牌的优势，如灵活性、个性化服务和高品质。

提供具体的客户案例或评价，以增强说服力和信任度。

保持积极的态度，展现出品牌对客户的重视和对产品质量的自信。

在回复客户时，要确保你的回答能够体现出企业对客户关切的理解，并提供充分的信息来建立信任。通过这种方式，你可以帮助客户克服对品牌规模的担忧，并可能促进他们对品牌和产品的信任。

客户说，与我们的需求不匹配

【情境分析】

客户可能觉得现有的产品或服务功能不符合他们的期望或业务模式。

客户可能在寻找特定的定制服务或特殊功能，而标准产品可能无法满足。

客户可能需要更多的信息或建议来探索不同的选项。

【客户提问】

客户可能会问："我看了你们的产品，感觉与我们的需求不匹配，你们能提供什么解决方案吗？"

【一般回答】

我们理解每个客户的需求都是独特的。请告诉我更多关于您的需求，我们会尽力提供适合的解决方案。

【巧妙回答】

我们致力于满足客户的个性化需求。让我们深入了解您的具体情况，看看是否可以调整我们的服务或产品来更好地适应您的需求，或者探讨其他可能的解决方案。

【回复心得】

认真倾听客户的反馈，了解他们认为不匹配的具体原因。

展现出愿意调整和定制服务的灵活性，以满足客户的特定需求。

在回复客户时，要确保你的回答能够体现出对客户需求的深刻理解和对问题解决的积极态度。通过这种方式，你可以让客户感到被重视，并可能找到创造性的解决方案来满足他们的需求。

客户说，我要和你们老板直接联系

客户可能觉得与决策者直接沟通可以更快地解决问题或满足特殊需求。

客户可能认为直接与高层接触能够获得更优惠的条件或更个性化的服务。

【客户提问】

客户可能会问："我希望能够直接和你们的老板谈谈，我觉得我们的问题需要他来解决。"

【一般回答】	【巧妙回答】
我理解您希望直接与我们的高层沟通。请允许我先了解您的需求和问题，我会确保将这些信息传达给我们的管理层，并尽快给您回复。	我理解您希望得到更高层次的关注。请详细告诉我您的需求，我会立即通知我们的管理层，并安排一个合适的时间让相关负责人与您联系。

【回复心得】

认真对待客户的请求，不要立即拒绝，展现出企业对客户需求的重视。

如果可能，提供与高层或决策者沟通的途径或安排，但在此之前确保了解和传达客户的关切。

在回复客户时，要确保你的回答能够体现出对客户需求的重视和对问题解决的积极态度。通过这种方式，你可以让客户感到被尊重和重视，即使他们的问题需要更高层次的介入。

客户说，我们需要三个月的账期，行不行

【情境分析】

客户可能希望在支付上有更多的灵活性，可能是因为他们的现金流管理或内部流程需要时间来处理付款。

客户可能基于资金流动性或预算规划的考虑，希望延长付款期限。

【客户提问】

客户可能会问："我们希望得到三个月的账期，这是否可行？"

【一般回答】

我们会根据您的信用状况和我们的财务政策来评估您的账期要求。

【巧妙回答】

我们理解您对账期的考虑，并且愿意探讨可能的解决方案。让我们讨论一下细节，看看如何在确保双方的利益的同时满足您的需求。

【回复心得】

向客户表明企业愿意考虑其需求，但需要基于一定的条件来评估。

保持沟通的透明度和专业性，确保客户理解账期决策背后的考量因素。

在回复客户时，要确保你的回答能够体现出企业对客户需求的重视，同时明确企业的政策和考量。通过这种方式，即使无法满足客户的全部要求，也能维护良好的客户关系，并可能促进双方达成满意的协议。

客户说，听说你们前阵子被退货了

客户可能基于市场上的流言或不完整的信息对企业产生了疑虑。

这可能是一个机会来正面回应并重申企业对质量和客户满意度的承诺。

客户可能在寻求透明度和对退货事件的详细解释。

【客户提问】

客户可能会问："听说你们前阵子被退货了，这是怎么回事？"

【一般回答】

我们非常重视您提出的这个问题。虽然确实有退货的情况发生，但这都是正常的，并且我们已经采取了相应的措施来解决并防止类似事件再次发生。

【巧妙回答】

我们始终致力于提供高质量的产品，任何退货事件都是我们不断改进和学习的机会。关于您提到的退货情况，我可以提供更多的背景信息和我们的解决措施，以便您更全面地了解情况。这只是个别案例。

【回复心得】

诚实地承认退货事件，并向客户保证这是个别情况，且企业已经采取了积极的措施。

在回复客户时，要确保你的回答能够体现出企业对问题的认识、解决问题的能力和对客户关切的重视。通过这种方式，你可以帮助消除客户的疑虑，并可能增强他们对企业的信任。

客户说，你们好像不专业呀

【情境分析】

客户可能基于某些具体的交互体验或信息，认为企业在某些方面做得不够好。

客户可能在寻求保证，希望了解企业是否具备所需的专业知识和经验。

【客户提问】

客户可能会问："我觉得你们在某些方面做得不够专业，你们真的是专业的吗？"

【一般回答】

我们理解您的关切，并向您保证我们是专业的。我们拥有一支经验丰富的团队，并且在行业内有着良好的业绩记录。

【巧妙回答】

我们非常重视专业性，并致力于不断提升我们的专业水平。关于您提到的具体问题，我可以提供更多的信息或案例来证明我们的专业能力，同时我们也非常愿意听取您的具体反馈，以便我们能够做得更好。

【回复心得】

认真对待客户的反馈，不要辩解，而是展现出愿意改进和提高的态度。

在回复客户时，要确保你的回答能够体现出企业对专业性的重视，并提供充分的信息来增强客户的信心。通过这种方式，你可以帮助转变客户的看法，并可能提升他们对企业的整体满意度。

客户说，我不要发票，能否便宜点

【情境分析】

客户可能出于税务考虑，希望避免开具发票以减少成本。

这可能表明客户对价格比较敏感，希望通过某些方式获得更优惠的价格。

【客户提问】

客户可能会问："如果我不要发票，价格能不能便宜一些？"

【一般回答】	【巧妙回答】
很抱歉，我们无法提供没有发票的价格优惠。我们严格遵守税务规定，确保所有交易都开具正规发票。	我理解您对价格的关注，但开具发票是我们对客户负责的表现，也是遵守国家法律法规的必要做法。虽然我们不能在没有发票的情况下提供优惠，但我会尽力为您提供其他可能的优惠或方案。

【回复心得】

清楚地表明企业的立场，即遵守法律法规是不可妥协的。

如果可能，提供其他形式的优惠或方案，以展现企业对客户需求的关注。

在回复客户时，要确保你的回答能够体现出企业对法律法规的尊重和对客户需求的理解。通过这种方式，你可以帮助维护企业的合规形象，并可能增强客户的信任。同时，也要确保客户明白企业无法在发票问题上妥协。

客户说，你们产品的特点，我也用不到哇

【情境分析】

客户可能对产品不够了解，或者他们的需求与产品特点不匹配。在这种情况下，需要通过沟通来更好地理解客户的需求，并展示产品的相关价值。

【客户提问】

客户可能会说："你们产品的特点，我也用不到哇。"

【一般回答】

我理解您可能觉得我们的产品目前不符合您的需求。不过，我们的产品设计考虑了多种使用场景，也许有些功能您还没有意识到它们的用处。我可以详细为您介绍这些特点，看看是否有适合您的地方。

【巧妙回答】

我完全理解您的观点，有时候产品的特点在一开始看起来可能并不直接相关。但让我们换个角度来看，我们的产品其实有很多隐藏的优势，可能在您日常工作或生活中的某个方面能带来意想不到的便利。让我给您展示几个例子，或许能激发您对我们产品的兴趣。

【回复心得】

认真听取客户的反馈，不要急于辩解或推销。

如果客户确实不需要产品，可以询问他们是否有其他需求，或者提供其他可能更适合他们的解决方案。

即使客户对产品不感兴趣，也要保持专业和礼貌，留下良好的印象，为将来可能的合作打下基础。

客户说，我很怀疑你们的服务

【情境分析】

当客户表达对服务的怀疑时，这通常意味着他们对服务的可靠性、质量或效果有所顾虑。情境分析的关键在于识别客户的担忧点，并准备相应的信息和证据来缓解这些担忧。

【客户提问】

客户可能会说："我很怀疑你们的服务。"

【一般回答】	【巧妙回答】
我们理解您可能有疑虑，毕竟选择服务是一个重要的决定。我们非常重视客户的信任，并且我们有一系列的客户反馈和成功案例可以证明我们的服务质量。我可以提供一些资料给您，帮助您更好地了解我们的服务。	怀疑是完全合理的，特别是在选择服务时。我们非常欢迎您的怀疑，因为它给我们提供了展示我们服务优势的机会。我们有详细的客户评价、案例研究和第三方认证，这些都可以帮助您建立对我们服务的信心。我也很乐意回答您的任何具体问题。

【回复心得】

首先认可客户的疑虑，表明你理解他们的担忧。

提供具体的证据来支持你的服务，如客户评价、案例研究、认证或奖项。

通过专业知识和对服务的深入了解来展示你的专业性。

客户说，找你们领导过来

【情境分析】

当客户要求找领导时，这通常表明他们对当前的沟通或问题解决不满意，或者认为需要更高级别的决策者介入。这可能是出于对问题的严重性、对解决方案的期望，或是对当前服务人员的不信任。

【客户提问】

客户可能会说："找你们领导过来。"

【一般回答】

我理解您可能觉得需要和我们的领导直接沟通。请允许我先了解您的问题和关切，我会尽我所能提供帮助。如果确实需要，我会确保将您的问题转达给相关领导，并尽快给您回复。

【巧妙回答】

我完全理解您希望直接与我们的领导沟通。在我们公司，每位员工都接受过专业培训，能够代表公司提供解决方案。不过，我尊重您的选择，会立即通知我的上级，让他们了解您的情况。同时，我会继续努力解决您的问题，确保您得到满意的答复。

【回复心得】

即使客户要求见领导，也要保持专业和冷静，不要表现出防御或不满。

认真听取客户的问题，了解他们为何希望与领导沟通。

表明你有能力解决问题，同时尊重客户的决定。

无论问题是否解决，都要跟进客户，确保他们感到被重视和尊重。

客户说，这个合同我不满意

客户对合同不满意可能源于多方面原因，如合同条款不明确、合同条件不符合预期、合同执行过程中出现问题等。了解客户的具体不满意点是解决问题的关键。

【客户提问】

客户可能会说："这个合同我不满意。"

【一般回答】	【巧妙回答】
我们和其他合作方签的也是这样的合同。有什么问题吗？	我理解您可能对合同的某些部分有所顾虑。我们的目标是确保您满意。能否请您具体说明是合同的哪些方面让您不满意？让我们共同审视合同内容，找出问题所在，并探讨如何调整以满足您的需求。

【回复心得】

首先要认真倾听客户的不满，尝试从客户的角度理解问题。

请客户指出具体不满意的地方，以便更准确地找到问题并提供解决方案。

即使在解决合同问题时，也要保持专业和友好，以维护与客户的长期关系。

确保所有讨论和变更都有记录，并跟进实施情况，确保问题得到妥善解决。

客户说，你们不会在合同中给我下套吧

【情境分析】

客户担心合同中可能存在不利于自己的条款，这种担忧通常源于对合同细节的不完全理解或对合作方信任度的不足。在这种情况下，建立透明度和信任是关键。

【客户提问】

客户可能会问："你们不会在合同中给我下套吧？"

【一般回答】

我们非常重视诚信和透明度。我们的合同条款都是清晰和公正的，旨在保护双方的利益。如果您有任何不明白或担心的地方，请随时指出，我会详细解释以消除您的疑虑。

【巧妙回答】

我们理解信任是任何合作关系的基石。我向您保证，我们的合同没有任何隐藏的条款或陷阱。实际上，我们鼓励完全透明的过程，并且愿意与您一起逐条审查合同，确保您完全理解并满意其中的每一项内容。

【回复心得】

展现出诚信和专业，强调公司的操作是透明和公正的。

主动提供帮助，对合同条款进行详细解释。

确保客户没有遗漏任何重要信息。

同时，展现出愿意与客户一起工作，以建立一个互信的环境。

客户说，竞争对手的比你好

　　客户认为竞争对手的产品或服务比你们提供的更好，这可能表明他们对市场上的选择有所了解，并且正在权衡不同选项的优缺点。这种情况要求销售人员能够有效地展示自己产品／服务的独特价值和优势，以说服客户选择你们的服务。

【客户提问】

　　客户可能会说："竞争对手的比你好。"

【一般回答】

　　我理解您的观点，但请允许我解释一下我们的产品或服务的独特之处。我们专注于提供……（具体特点），这些是竞争对手所没有的。例如，我们的 XX 功能可以为您带来 XX 好处。此外，我们提供优质的客户服务和支持，确保您的满意和成功。

【巧妙回答】

　　非常感谢您提出这个问题。实际上，我们非常重视客户的反馈，并将其作为改进的机会。为了帮助您更全面地了解我们的优势，我可以安排一个简短的电话会议或视频通话，让您亲自体验我们的产品和服务。同时，如果您愿意分享更多关于竞争对手的看法，我们可以一起探讨如何更好地满足您的需求。请问这样可以吗？

【回复心得】

　　通过详细解释产品／服务的独特价值和优势，可以有效回应客户的疑虑；主动提出安排进一步沟通的建议，可以展现对客户需求的关注和对客户时间的尊重。

第五章

价格谈判：让客户觉得物超所值

客户说，你们怎么卖这么贵

【情境分析】

客户可能在对比市场上其他供应商的价格。

客户可能对产品或服务的价值和价格之间的关联有疑问。

客户可能在寻求价格合理性的解释或证明。

【客户提问】

客户可能会问："你们的产品/服务怎么这么贵？"

【一般回答】	【巧妙回答】
我们的价格反映了我们产品的质量和服务的标准。我们确保为客户提供最好的价值。	我们理解价格是一个重要因素。我们的价格基于提供高品质产品和卓越服务的承诺。我可以向您展示我们的产品和服务如何为您带来长期的价值。

【回复心得】

向客户解释价格背后的价值，包括产品的质量、特性、服务和保障。

提供具体的例子或数据来支持你的论点，如成本效益分析或客户成功案例。

如果可能，讨论不同的定价选项或套餐，以适应不同的预算需求。

保持专业和诚信，确保客户知道他们为所获得的价值而支付。

在回复客户时，要确保你的回答能够体现出企业对价格设定的信心，并提供充分的信息来帮助客户理解价格与价值之间的关系。

客户说，我认识你们老板，便宜点吧

【情境分析】

客户可能认为通过表明与老板的关系可以获得更优惠的价格。

这可能是客户在尝试建立信任或寻求更好的交易条件。

企业需要平衡对客户的公平对待和维护价格政策。

【客户提问】

客户可能会问："我认识你们老板，能不能给我便宜点？"

【一般回答】

很高兴听到您认识我们的老板。我们的价格是统一的，但我会尽力为您提供最好的服务。

【巧妙回答】

能认识我们的老板真是荣幸。虽然我们的价格政策对所有客户都是一致的，但我们可以探讨其他方式来表达我们的感激，比如提供额外的服务或支持。

【回复心得】

即使客户声称有内部联系，也要保持价格政策的一致性和公平性。

避免立即给予折扣，因为这可能会损害企业的定价策略，以及对方大概率是说谎。

提供替代优惠，如增值服务或忠诚度奖励，以表达对客户的重视。

保持专业和友好的态度，确保客户感到被尊重，即使他们的要求无法得到满足。

在回复客户时，要确保你的回答能够体现出企业对所有客户的公平对待，同时展现出愿意提供额外价值的意愿。

客户说，我是老顾客了，不能便宜点吗

【情境分析】

老顾客可能已经对企业的产品或服务有了深入的了解，并希望因此获得一些优惠。

他们可能认为长期的忠诚和支持应该得到一定的奖励或认可。

老顾客可能在比较不同供应商的报价，希望在保持与企业的关系的同时获得更好的交易。

【客户提问】

客户可能会问："作为老顾客，难道我不能享受一些优惠吗？"

【一般回答】

我们非常感激您的持续支持。虽然我们的价格是固定的，但我们会为您提供我们所能提供的最好服务。

【巧妙回答】

感谢您长期以来的支持。我们为老顾客准备了一些特别的优惠和忠诚度计划，让我来为您介绍这些专属福利。

【回复心得】

如果企业有忠诚度计划或其他针对老顾客的优惠政策，应该详细介绍给客户。

保持透明和一致性，确保所有客户都知道如何获得优惠，并感到被公平对待。

在回复客户时，要确保你的回答能够体现出企业对老顾客的重视，并提供具体的优惠信息或替代方案。

客户说，我不要赠品，可以便宜吗

【情境分析】

客户可能认为赠品对他们没有实际价值，更倾向于价格上的直接减少。

客户可能在预算上有限制，希望通过放弃赠品来获得更实惠的价格。

客户可能在比较不同供应商的报价，希望在不牺牲产品质量的前提下获得更优惠的价格。

【客户提问】

客户可能会问："如果我不要赠品，你们可以给我便宜一些吗？"

【一般回答】

我们提供赠品是为了增加产品的价值，增品很有价值呢，算下来您也优惠不少了呢。

【巧妙回答】

我们理解您对价格的关注。虽然赠品是我们对客户的额外感谢，但我们可以探讨其他方式来满足您的预算需求。让我看看我们能否提供一些定制的解决方案。

【回复心得】

向客户保证企业愿意探讨不同的交易条件，以满足他们的需求。

保持灵活性，根据客户的具体需求提供个性化的解决方案。

保持专业和诚信，确保客户知道企业在尽力满足他们的要求，同时保持业务的可持续性。

在回复客户时，要确保你的回答能够体现出企业对客户需求的关注，并展现出愿意提供个性化解决方案的意愿。

客户说，别家的价格比你们便宜多了

【情境分析】

客户可能在进行市场调研或价格比较后，发现其他供应商提供相似产品的价格更低。

客户可能在考虑性价比，希望企业能够提供更具竞争力的价格。

【客户提问】

客户可能会说："我在市场上看到其他品牌的产品和你们的一模一样，但价格更便宜。"

【一般回答】	【巧妙回答】
我们的价格是根据产品的成本、质量和服务来设定的。我们努力为客户提供最优质的产品和服务。	我们理解价格是选择产品时的一个重要因素。我们的价格策略不仅考虑成本，还包括了产品的质量和我们提供的增值服务。我们可以向您展示我们产品的独特优势，以及它们如何为您带来长期的价值。

【回复心得】

向客户保证企业的价格是基于全面考虑的，包括产品质量、服务和长期价值。

强调企业对客户体验的重视，以及在产品定价时考虑的因素。

保持专业和诚信，确保客户知道企业在尽力提供高质量的产品和服务。

在回复客户时，要确保你的回答能够体现出企业对产品价值的信心，并提供有说服力的理由来解释价格差异。

客户说，我确定要了，再便宜点吧

【情境分析】

客户可能认为在决定购买时，企业可能会提供额外的折扣。

客户可能在比较不同供应商的报价后，希望获得更有竞争力的价格。

客户可能在寻求额外的优惠，以满足他们的预算限制。

【客户提问】

客户可能会问："我确定要了，能不能再便宜一些？"

【一般回答】

感谢您选择我们的产品。我们会尽力提供最好的价格，但目前的价格已经是我们能提供的最优惠的了。

【巧妙回答】

很高兴看到您对我们的产品感兴趣。虽然我们的价格已经非常有竞争力，但我会为您检查是否有任何当前的促销或折扣可以应用，以表达我们对您促成交易的感激。

【回复心得】

确认当前提供的价格已经是最好的报价，但同时展现出愿意进一步帮助的态度。

如果有额外的优惠或促销，可以主动提出并应用这些优惠。

保持积极的态度，即使无法提供更多的折扣，也要确保客户知道企业重视他们的业务。

在回复客户时，要确保你的回答能够体现出企业对客户需求的关注，并提供有帮助的信息或解决方案。

客户说，预算超了

【情境分析】

　　客户可能在评估不同选项时发现总成本超出了他们的财务计划。

　　客户可能在寻求减少成本的方法，以适应他们的预算限制。

　　客户可能希望企业能提供灵活的定价或支付方案。

【客户提问】

　　客户可能会问："我很喜欢你们的产品，但我的预算超了，怎么办？"

【一般回答】

　　我们理解预算限制的重要性。让我们探讨一下可能的解决方案，看看是否有办法调整我们的服务或产品配置，以适应您的预算。

【巧妙回答】

　　预算是决策过程中的关键因素。我们可以一起看看不同的选项，比如选择不同的产品配置、延长付款期限或提供分期付款方案，以帮助您在不牺牲质量的前提下，适应预算限制。

【回复心得】

　　提供灵活的解决方案，如调整产品配置、提供分期付款或寻找成本效益更高的选项。

　　强调企业愿意与客户合作，找到满足他们需求的方法。

　　保持专业和同情，确保客户知道企业在尽力帮助他们解决预算问题。

　　在回复客户时，要确保你的回答能够体现出企业对客户需求的关注，并展现出愿意提供帮助和解决方案的意愿。

客户说，目前有没有折扣或促销活动

【情境分析】

客户可能在寻找节省开支的机会，对特价商品或促销活动感兴趣。

客户可能在比较不同品牌或商家的优惠，以获取最划算的交易。

客户可能对特定时间段的促销活动有所了解，希望确认企业是否参与。

【客户提问】

客户可能会问："你们现在有没有什么折扣或促销活动？"

【一般回答】	【巧妙回答】
我们可以提供一些折扣和促销活动，具体内容取决于产品和时间。我可以帮您查看当前有哪些活动。	我们经常推出各种吸引人的折扣和促销活动。目前，我们有……（具体活动名称）提供……（具体优惠内容）这些活动只在有限的时间内有效，非常值得抓住机会。

【回复心得】

及时向客户介绍当前有效的折扣和促销活动，包括活动的具体内容和期限。

鼓励客户利用当前的促销活动进行购买，同时表明企业愿意提供额外的帮助或信息。

在回复客户时，要确保你的回答能够体现出企业对促销活动的积极态度，并提供具体的优惠信息。

客户说，价格中包含了哪些成本

客户可能对产品或服务的定价策略感到好奇，希望了解成本构成。

客户可能在评估价格是否合理，或者与市场上其他供应商的价格进行比较。

客户可能需要了解价格中包含的所有潜在成本，以避免未来的意外费用。

【客户提问】

客户可能会问："你们的价格中包含了哪些成本？"

【一般回答】	【巧妙回答】
我们的价格包含了产品成本、运输费用、税费以及为客户提供的服务和支持等。	我们的价格结构是全面考虑了所有相关成本后制定的，包括原材料成本、生产成本、质量控制、物流费用、税费以及我们为客户提供的全方位服务和售后支持。我们的目标是为客户提供一个透明、具有竞争力的价格。

【回复心得】

保持诚实和专业，确保客户知道企业在定价时考虑了所有必要的成本因素。

在回复客户时，要确保你的回答能够体现出企业对价格构成的透明度，并提供充分的信息来帮助客户理解价格背后的成本因素。

客户说，能否详细解释价格构成

【情境分析】

客户可能对价格的各个组成部分感兴趣，包括直接成本、间接成本、利润率等。

客户可能在评估不同供应商的报价，希望了解价格差异的原因。

【客户提问】

客户可能会问："能否详细解释你们的价格是如何构成的？"

【一般回答】

我们的价格构成包括原材料成本、生产成本、运输费用、税费以及提供服务的成本。每个部分都是基于行业标准和我们的运营成本来计算的。

【巧妙回答】

我很乐意为您详细解释我们的价格构成。我们的价格是基于以下几个关键因素：首先是原材料和生产成本，确保我们使用高质量的材料并维持高标准的生产流程；其次是运输和物流费用，确保产品安全及时地送达；再次是税费和其他合规成本；最后是我们为客户提供的服务和支持，包括售后服务和客户咨询。

【回复心得】

提供具体的价格构成要素，帮助客户理解每个部分对最终价格的影响。

在回复客户时，要确保你的回答能够体现出企业对价格透明度的重视，并提供足够的信息来帮助客户理解价格构成。

客户说，你们接受什么样的支付方式

【情境分析】

客户可能希望了解企业是否提供多种支付方式，以满足他们的个人偏好或需求。

客户可能对某些支付方式有特定的安全顾虑或便利性考量。

客户可能在比较不同供应商的支付选项，以确定哪个更符合他们的期望。

【客户提问】

客户可能会问："你们接受哪些支付方式进行交易？"

【一般回答】	【巧妙回答】
我们接受多种支付方式，包括信用卡、借记卡、银行转账以及第三方支付平台如支付宝和微信支付。	为了满足不同客户的需求，我们提供了灵活的支付选项。您可以选择使用信用卡、借记卡、银行转账，或者通过支付宝、微信支付等第三方支付服务进行安全便捷的支付。

【回复心得】

向客户清晰地介绍企业接受的所有支付方式，确保他们知道有多种选择。

保持专业和友好，确保客户知道企业在支付过程中提供支持和帮助。

在回复客户时，要确保你的回答能够体现出企业对支付便利性的重视，并提供具体的支付选项。

客户说，是否有分期付款的选项

【情境分析】

客户可能因为预算限制而需要分期支付以减轻经济压力。

客户可能对产品感兴趣，但希望避免一次性支付大额款项。

客户可能在寻找提供分期付款服务的供应商，以便更好地管理自己的财务。

【客户提问】

客户可能会问："购买你们的产品时，我可以选择分期付款吗？"

【一般回答】	【巧妙回答】
我们提供分期付款服务，您可以根据自己的需求选择不同的分期期数和支付计划。	我们理解客户可能需要更灵活的支付选项，因此我们确实提供分期付款服务。这让您可以根据自己的财务状况选择最合适的分期方案，享受无忧的购物体验。

【回复心得】

如果可能，提供分期付款的具体细节，如分期期数、利率或手续费等。

鼓励客户根据自己的需求选择最合适的分期方案。

保持积极的态度，确保客户知道企业愿意提供帮助，并使购买过程更加轻松。

在回复客户时，要确保你的回答能够体现出企业对客户需求的关注，并提供具体的分期付款信息。

客户说，如果我签订长期合同，能否获得更好的价格

客户可能在评估长期合作的财务影响，希望降低长期成本。

客户可能在比较不同供应商的长期合作条件，以确定最有利的合作方案。

【客户提问】

客户可能会问："如果我们签订长期合同，你们能否提供更优惠的价格？"

【一般回答】	【巧妙回答】
当然可以了，长期合同通常会带来价格上的优惠，这是肯定的。	我们非常看重长期合作关系，因此我们确实为长期合同的客户提供更有竞争力的价格。这不仅包括价格优惠，还可能包括其他增值服务。我可以为您提供具体的报价和条款，以便您做出最佳决策。

【回复心得】

向客户保证长期合作能够带来价格上的优势和其他潜在的好处。

强调长期合作的长期价值，包括更好的服务、优先级和稳定性。

保持诚信和透明，确保客户对长期合同的条款和条件有充分的了解。

在回复客户时，要确保你的回答能够体现出企业对长期合作价值的认识，并提供足够的信息来帮助客户做出明智的决策。

第六章

促成交易：临门一脚别马虎

客户说，我再看看其他的

客户可能对目前提供的产品或服务不够满意，或者认为不符合他们的具体需求。

客户可能在寻找更具有成本效益、更符合其特定需求或具有某些特定功能的选项。

客户可能在比较市场上的不同选择，以做出最适合自己的决定。

【客户提问】

客户可能会说："我还想看看其他的。"

【一般回答】

当然，我们理解您想要做出最好的选择。如果您有任何问题或需要更多信息，随时欢迎回来咨询。

【巧妙回答】

我完全理解您想要探索更多选择的想法。在我们结束之前，我可以了解一下您正在寻找的具体需求或关注点吗？这样我们也许能够提供更符合您需求的推荐或解决方案。

【回复心得】

提供额外的信息或资源，帮助客户在比较时考虑到您的产品或服务的独特价值。

在回复客户时，要确保你的回答能够体现出对客户需求的理解和尊重，同时保持沟通渠道的开放，以便客户在需要时能够轻松地重新联系您。

客户说，我回去商量一下

【情境分析】

客户可能需要与团队成员或合作伙伴协商，以确保决策达成共识。

客户可能在评估不同的选项，并希望在做出最终决定前进行深入讨论。

客户可能对提案感兴趣，但需要更多的信息或保证来支持他们的决定。

【客户提问】

客户可能会说："我需要回去和团队商量一下，然后再给你答复。"

【一般回答】

当然，这是一个重要的决定。如果您在商量过程中有任何问题或需要更多的信息，请随时联系我。

【巧妙回答】

我理解决策需要团队的共同考虑。我可以提供一些额外的资料或安排一次会议，以便您和团队能够更全面地了解我们的提案。

【回复心得】

尊重客户的决策过程，并提供必要的支持，如提供额外信息或安排进一步的讨论。

保持积极的沟通态度，确保客户知道您期待他们的回复，并愿意在他们准备好时提供进一步的帮助。

在回复客户时，要确保你的回答能够体现出对客户决策过程的理解和尊重，同时表明您随时准备提供帮助。

客户说，产品何时可以交付

【情境分析】

客户可能需要知道产品交付的具体时间以便进行自己的计划安排。

了解交付时间对于客户来说是一个重要的购买考虑因素。

企业需要确保交付时间的承诺是可实现的，避免过度承诺导致的信誉损失。

【客户提问】

客户可能会问："你们的产品何时可以交付？"

【一般回答】

我们的标准交付时间是XX天，但具体时间可能会根据订单的具体情况和我们的生产排程有所调整。

【巧妙回答】

我们会根据您的需求和我们的生产能力，提供一个精确的交付时间表。如果您需要加急服务，我们也会尽力满足，但可能需要讨论一些额外的条件。

【回复心得】

向客户保证企业有明确的交付时间标准和流程。

如果可能，提供一个具体的交付时间或时间范围，让客户有所期待。

强调企业会努力满足客户的紧急需求，同时保持实际和透明的沟通。

在回复客户时，要确保你的回答能够体现出企业对交付时间的重视，并且能够提供满足客户需求的解决方案。

客户说，产品有什么样的保证或保修

【情境分析】

客户可能在寻找产品的质量保证和售后服务的相关信息，以确保购买的产品有可靠的质量支持和问题解决方案。

【客户提问】

客户可能会问："你们的产品提供哪些保证或保修服务？"

【一般回答】	【巧妙回答】
我们的产品提供标准的保修服务，包括在一定期限内对产品质量问题进行免费维修或更换。	我们对产品的质量充满信心，并提供全面的保修政策。除了标准的保修服务外，我们还提供额外的技术支持和客户服务，确保您在使用产品过程中的任何问题都能得到及时解决。

【回复心得】

如果有额外的服务或优惠，如延长保修或增值服务，应该主动告知客户。

强调企业对产品质量的承诺和对客户满意度的重视。

保持信息的透明和一致性，确保客户对购买决策感到放心。

在回复客户时，要确保你的回答能够体现出企业对产品质量的自信和对客户服务的承诺。

客户说，购买后你们提供哪些服务

客户可能对购买后的技术支持、维护服务或客户关怀感兴趣。

这可能表明客户希望了解企业是否提供持续的客户支持和增值服务。

客户可能在评估不同供应商的服务水平，以确定哪个更符合他们的需求。

【客户提问】

客户可能会问："购买你们的产品后，我们会得到哪些服务？"

【一般回答】	【巧妙回答】
购买我们的产品后，您将享受到基本的客户支持服务，包括产品安装指导、常见问题解答和定期维护。	我们提供全面的客户服务套餐，从产品交付开始，您将获得个性化的安装和使用培训、全天候的技术支持、定期的产品维护和升级服务，以及专属的客户经理来确保您的所有需求都能得到满足。

【回复心得】

向客户清晰地介绍购买后的服务内容，包括服务的类型、频率和持续时间。

保持积极的态度，确保客户知道他们在整个购买和使用过程中都能得到帮助。

在回复客户时，要确保你的回答能够体现出企业对客户体验的重视，并提供具体的服务细节。

客户说，如何解决可能出现的问题

【情境分析】

客户可能对产品或服务的潜在问题有所顾虑，希望了解企业的解决方案和流程。

这可能表明客户需要了解企业的客户服务能力和响应速度。

客户可能在评估企业在问题发生时提供的支持和资源。

【客户提问】

客户可能会问："如果遇到问题，你们怎么解决？"

【一般回答】

我们有一套完善的售后服务体系，如果遇到任何问题，您可以通过我们的客户服务渠道联系我们，我们会尽快响应并提供解决方案。

【巧妙回答】

我们理解问题的出现可能会给您带来不便，因此我们建立了一个多渠道、快速响应的客户支持系统。无论是通过电话、电子邮件还是在线聊天，我们都有专业的技术支持团队随时准备帮助您解决问题。

【回复心得】

强调企业对客户体验的重视，以及在问题发生时提供快速和有效支持的决心。

保持积极的态度，即使面对潜在的问题，也要展现出企业愿意承担责任并提供帮助的意愿。

在回复客户时，要确保你的回答能够体现出企业对问题解决的专业性和对客户需求的快速响应。

客户说，合同中有哪些重要条款

【情境分析】

客户可能对合同的法律效力、责任分配、服务水平或支付条件等方面感兴趣。

这表明客户希望确保合同能够满足他们的期望，并保护他们的权益。

客户可能在比较不同供应商的合同条款，以确定哪个更符合他们的需求。

【客户提问】

客户可能会问："在合同中，有哪些条款是我们必须特别注意的？"

【一般回答】	【巧妙回答】
合同中包括了价格条款、交付时间、付款条件、质量标准、违约责任等重要条款，这些都是合同的基本组成部分。	合同中的每个条款都是为了确保双方的合作顺利进行。除了标准的条款外，我们特别关注那些直接关系到您利益的条款，如服务保证、风险分担，以及解决争议的机制。我可以为您详细解释这些关键条款。

【回复心得】

向客户清晰地介绍合同中的关键条款，并解释它们如何保护双方的利益。

在回复客户时，要确保你的回答能够体现出企业对合同条款的重视，并提供必要的信息帮助客户做出明智的决定。

客户说，如果产品不符合预期，我有哪些选项

【情境分析】

客户可能因为产品未能达到他们的期望或需求而感到不满。

这可能是由于产品性能、功能或其他特性与客户的预期有所偏差。

【客户提问】

客户可能会问："如果产品不符合我的预期，我有哪些选项？"

【一般回答】

我们理解产品满足预期的重要性。如果产品不符合您的预期，我们可以提供退换货服务，或者根据具体情况提供必要的维修或调整。

【巧妙回答】

我们始终致力于确保客户满意。如果产品未能达到您的预期，我们有多种解决方案，包括但不限于产品更换、全额退款或提供额外的补偿措施。我们将与您一起找到最合适的解决方案。

【回复心得】

向客户保证企业有一套成熟的应对措施，以解决产品不符合预期的问题。

提供具体的解决方案选项，并与客户合作，找到最能满足他们需求的解决方案。

保持沟通的透明度和专业性，确保客户知道他们的问题能够得到妥善处理。

在回复客户时，要确保你的回答能够体现出企业对问题解决的专业性和对客户需求的快速响应。

客户说，有哪些风险我需要考虑

客户可能对合作中潜在的不确定性和潜在损失有所顾虑。

客户可能需要了解合同条款中的风险分配、违约责任、质量保证等方面的规定。

【客户提问】

客户可能会问："在和你们合作的过程中，有哪些风险是我需要考虑的？"

【一般回答】	【巧妙回答】
在任何商业合作中，都存在一些常见的风险，如质量不符合预期、交付延迟、市场变化等。我们的合同中会有相应的条款来降低这些风险。	我们理解风险管理的重要性。在合同中，我们已经明确了风险分担和违约责任条款，确保双方的权益得到保护。此外，我们还会提供详细的产品说明和质量保证措施，以减少潜在风险。

【回复心得】

向客户清晰地介绍合同中的风险分担和违约责任条款，帮助他们了解在合作中可能遇到的问题以及解决方案。

保持透明和诚信，确保客户充分了解合作中可能面临的风险和企业的应对策略。

在回复客户时，要确保你的回答能够体现出企业对风险管理的专业性和对客户需求的关注，同时提供具体的信息和解决方案，以增强客户的信心和安全感。

客户说，是否还有额外的优惠或赠品

【情境分析】

客户可能对产品感兴趣，但希望获得更多的利益以促成交易。

客户可能在比较不同供应商的报价，寻找最具吸引力的交易条件。

客户可能认为在某些情况下，额外的优惠或赠品是行业惯例或标准做法。

【客户提问】

客户可能会问："除了目前的价格和条件，是否还有其他的优惠或赠品？"

【一般回答】	【巧妙回答】
我们目前提供的报价已经包含了我们最好的条件，已经很优惠了。	我们始终努力为我们的客户提供更多价值。虽然我们的主要报价已经很有竞争力，但让我看看是否有其他方式来增加您的满意度，比如通过特别优惠或定制的赠品方案。

【回复心得】

向客户保证他们正在获得最好的报价，并表现出愿意提供额外价值的意愿。

保持积极的态度，即使无法提供额外的优惠，也要确保客户感到被重视和尊重。

在回复客户时，要确保你的回答能够体现出企业对客户需求的关注，并且展现出愿意提供更多价值的意愿。

客户说，能否提供更多的折扣

客户可能对产品或服务感兴趣，但认为价格超出了他们的预算。

客户可能在比较竞争对手的价格，希望得到更有竞争力的报价。

客户可能认为通过进一步的谈判能够获得更好的交易条件。

【客户提问】

客户可能会问："你们能否提供更多的折扣？"

【一般回答】	【巧妙回答】
我们的报价已经考虑了市场情况和成本因素，已经是折扣后的价格了。	我们致力于为我们的客户提供价值。虽然我们的价格已经非常有竞争力，但如果您还想要更多优惠，我帮您向上面反映一下，是否有其他方式可以为您提供额外的优惠，比如结合您的购买量或其他条件。

【回复心得】

如果可能，提供灵活的解决方案，如批量购买折扣、长期合同优惠或其他形式的激励。

保持透明和诚信，如果无法提供更多的折扣，清楚地解释原因，并强调客户将获得的价值。

在回复客户时，要确保你的回答能够体现出企业对客户需求的关注，并提供合理的解决方案。

客户说，其他客户对这个产品的评价如何

【情境分析】

客户可能在寻求市场上其他用户的真实体验和反馈，以此来评估产品的性能和可靠性。

了解其他用户的评价可以作为他们决策过程的一部分。

【客户提问】

客户可能会问："其他客户对你们的产品有什么评价？"

【一般回答】

我们的产品收到了许多积极的客户反馈，他们普遍认为我们的产品性能稳定，服务质量好。

【巧妙回答】

我们非常重视客户的使用体验，根据收集到的客户反馈，绝大多数客户对我们的产品感到满意，并认为我们的产品性价比高，使用起来便捷高效。

【回复心得】

向客户展示真实的用户评价和反馈，这可以是通过在线评论、案例研究或客户推荐信的形式。

强调产品的优点和市场上的良好口碑，但要避免夸大其词。

如果可能，提供具体的用户评价实例或数据支持，如满意度调查结果或净推荐值（NPS）。

保持透明，如果产品有任何普遍的问题或缺点，应该诚实地与客户沟通，并说明企业是如何改进的。

在回复客户时，要确保你的回答能够体现出企业对客户反馈的重视，并提供充分的信息来帮助客户了解产品在市场上的表现和接受度。

客户说，你们有客户推荐或案例研究吗

客户可能在寻找企业产品或服务成功应用的证据，以此来评估企业的专业能力和市场信誉。

客户可能需要通过第三方的使用体验来增强自己的信心。

【客户提问】

客户可能会问："你们有没有客户的推荐或者案例研究可以提供给我们参考？"

【一般回答】	【巧妙回答】
我们确实有一些客户的推荐信和案例研究，这些都可以证明我们产品的有效性和市场表现。	我们很自豪能够与我们的客户建立长期的合作关系。我可以分享一些客户的推荐和详细的案例研究，这些资料将展示我们的产品如何在不同场景中成功应用，并为客户带来了实际的效益。

【回复心得】

向客户展示真实的客户推荐和案例研究，这可以作为企业服务和产品质量的有力证明。

如果可能，提供具体案例的详细描述或链接，便于客户深入了解。

在回复客户时，要确保你的回答能够体现出企业对客户成功案例的重视，并提供充分的信息来帮助客户了解产品的实际应用效果。

第七章

售后服务：千万不可当儿戏

客户说，我在使用产品时遇到了一些困难，应该怎么办

【情境分析】

客户可能对产品的某些功能或操作存在疑问。

客户可能遇到了技术问题或故障，需要专业的技术支持。

客户可能希望了解解决问题的步骤或获取使用建议。

【客户提问】

客户可能会问："我在使用你们的产品时遇到了困难，我该怎么办？"

【一般回答】

请您详细描述您遇到的问题，我们的技术支持团队会帮助您解决。

【巧妙回答】

遇到问题时，您可以随时联系我们的客服。为了更快地帮助您，您可以提供问题的详细描述、截图或错误信息。我们会尽快为您提供解决方案或指导。

【回复心得】

鼓励客户提供尽可能多的问题细节，这有助于快速准确地诊断问题。

保持友好和专业的态度，让客户感到他们的问题得到了重视。

提供多种联系方式，如电话、电子邮件或在线聊天，以便客户选择最方便的方式联系。

在回复客户时，要确保你的回答能够体现出企业对客户需求的关注，并提供清晰的指导和支持渠道。

客户说，产品在保修期内出现问题，维修需要多长时间

【情境分析】

客户可能对保修期内维修的流程、时间及服务质量有所期待。

客户可能担心维修服务会影响他们的正常使用。

客户可能对维修后产品的质量和性能有所顾虑。

【客户提问】

客户可能会问："产品在保修期内出现问题，维修需要多长时间？"

【一般回答】	【巧妙回答】
我们会尽快处理您的维修请求。具体的维修时间会根据产品的具体问题和所需配件的可用性而定。	我们理解您对维修时间的关注。一旦我们收到产品，我们将立即进行诊断，并根据问题的复杂性提供预计的维修时间。我们会尽力缩短维修时间，以减少对您的影响。

【回复心得】

向客户保证企业会迅速响应维修需求，并提供透明的维修时间估计。

如果可能，提供快速诊断和快速维修服务，以提高客户满意度。

在维修过程中保持与客户的沟通，及时更新维修进展。

维修完成后，确保产品达到企业的质量标准，并提供必要的测试和检查以确保问题已解决。

在回复客户时，要确保你的回答能够体现出企业对维修服务的重视，并提供具体的步骤和时间框架，以增强客户的信任感。

客户说，维修服务是否需要额外费用

客户可能对产品保修条款和维修费用有疑问。

客户可能在评估维修成本，以决定是选择维修还是更换新产品。

客户可能需要了解在保修期内和保修期外维修服务的费用差异。

【客户提问】

客户可能会问："如果需要维修服务，我需要支付额外费用吗？"

【一般回答】	【巧妙回答】
如果您的产品在保修期内并且问题属于保修范围内，维修是免费的。如果问题不在保修范围内，可能需要收取一定的费用。	我们提供全面的保修服务，覆盖制造缺陷。如果问题符合我们的保修条款，您不需要支付额外费用。不过，如果是由于其他原因导致的问题或超出保修期，我们将会提前告知可能产生的费用，并在您同意后进行维修。

【回复心得】

向客户清晰地说明保修政策和维修费用的相关规定。

如果需要收费，应提前明确告知客户可能的费用，避免后期的误解。

强调诚信和透明，确保客户对维修流程和费用有充分的了解。

在回复客户时，要确保你的回答能够体现出企业对保修政策的遵守和对客户需求的尊重。

客户说，如果需要更换配件，我应该怎么做

【情境分析】

客户可能面临产品故障或性能下降，需要更换配件以恢复正常使用。

客户可能对更换配件的流程不熟悉，需要指导。

客户可能关心更换配件的成本和时间。

【客户提问】

客户可能会问："如果我发现我的设备需要更换配件，我应该怎么做？"

【一般回答】

如果您的设备需要更换配件，请与我们的客户服务部门联系，我们将指导您完成更换流程。

【巧妙回答】

更换配件是一个简单的过程。您只需要联系我们的客户服务，提供设备型号和故障描述，我们的技术支持团队将评估您的需求，并提供更换配件的具体步骤和可能的费用估算。

【回复心得】

向客户提供清晰的指导，让他们知道如何联系客户服务以及需要提供哪些信息。

保持沟通的透明度，如果更换配件需要费用，提前告知客户可能的成本。

在回复客户时，要确保你的回答能够体现出企业对客户需求的关注，并提供具体的步骤和信息，帮助客户了解如何更换配件。

客户说，产品需要定期更新吗

客户可能想知道产品是否需要持续的技术支持和软件更新以保持最佳性能。

客户可能在考虑长期拥有成本，包括可能的更新和维护费用。

客户可能对产品能否适应未来技术变化或需求变更有所顾虑。

【客户提问】

客户可能会问："我们购买的产品是否需要定期更新？"

【一般回答】	【巧妙回答】
这取决于产品类型。有些产品需要定期更新以获得最新功能和安全补丁。	我们设计产品时就考虑了长期的可用性和兼容性。对于需要定期更新的产品，我们会提供清晰的更新计划和指导，确保您能够轻松地保持产品的先进性和安全性。

【回复心得】

向客户保证产品在设计时已经考虑了未来的升级和更新需求。

如果适用，可以给客户提供关于产品更新周期、更新内容和更新过程的信息。

保持透明，如果定期更新涉及额外费用，应提前告知客户。

在回复客户时，要确保你的回答能够体现出企业对产品长期性能和客户满意度的重视。通过提供清晰的信息和支持，帮助客户对产品的持续使用和维护有一个明确的预期。

客户说，我该如何维护产品以延长其使用寿命

【情境分析】

客户可能对产品的日常保养和维护程序不太了解。

客户可能关心产品长期运行的稳定性和效率。

客户可能希望通过正确的维护方法来降低维修成本和延长产品的更换周期。

【客户提问】

客户可能会问："为了延长产品的使用寿命，我应该如何进行维护？"

【一般回答】

为了确保产品的长期性能和延长使用寿命，我们建议按照产品手册中的维护指南进行定期检查和保养。

【巧妙回答】

延长产品使用寿命的关键在于正确地维护。我可以为您提供一些简单的日常维护技巧，以及何时需要专业维护的建议。此外，我们提供定期的维护服务，可以帮助您保持产品的最佳状态。

【回复心得】

向客户提供具体的维护和保养建议，包括清洁、检查和必要的调整。

强调定期维护的重要性，以及它如何帮助预防未来的故障和降低长期成本。

在回复客户时，要确保你的回答能够体现出企业对产品长期性能的关注，并提供实用的维护建议。

客户说，如果产品不符合我的期望，我可以退换吗

【情境分析】

客户可能对产品的性能、功能或质量有特定的期望。

客户可能在评估购买风险，希望了解不满意时的解决方案。

客户可能需要了解企业的退换货政策和流程。

【客户提问】

客户可能会问："如果我对产品不满意，可以退货或换货吗？"

【一般回答】	【巧妙回答】
我们的退换货政策是根据产品情况和购买条款来决定的。如果产品存在质量问题或与描述不符，我们可以提供退换服务。	我们非常重视客户的满意度，如果产品未能达到您的期望，我们会尽力提供帮助。请告诉我具体的问题，我们会根据您的情况和我们的退换货政策，提供合适的解决方案。

【回复心得】

向客户保证企业有明确的退换货政策，并愿意根据具体情况提供帮助。

如果退换货需要满足特定条件，应提前告知客户，避免误解。

保持积极的态度，即使客户不满意，也要确保他们知道企业愿意采取措施来解决问题。

在回复客户时，要确保你的回答能够体现出企业对客户满意度的重视，并提供清晰的退换货政策和流程。

客户说，我可以查看我的服务历史吗

【情境分析】

客户可能需要服务历史来了解产品的维护记录或评估产品的可靠性。

客户可能在寻找之前的服务记录，以便进行保修或退货等操作。

客户可能对服务历史感兴趣，以便管理和规划未来的服务需求。

【客户提问】

客户可能会问："我可以查看我的服务历史记录吗？"

【一般回答】

是的，我们可以为您提供服务历史记录。您需要提供相关的账户信息或购买凭证，我们将查询并提供给您。

【巧妙回答】

当然可以，我们重视每一位客户的服务历程。请提供一些身份验证信息，我们会确保您能够方便地访问您的服务历史，包括所有相关的服务详情和记录。

【回复心得】

确认企业能够提供服务历史记录，并指导客户如何获取。

强调保护客户隐私，只有在客户验证身份后才能提供相关信息。

如果可能，提供在线访问服务历史的方式，增加客户获取信息的便利性。

保持积极和专业，确保客户知道他们的服务历史被妥善记录和管理。

在回复客户时，要确保你的回答能够体现出企业对客户服务历史的重视，并提供便利的获取方式。

客户说，是否有积分或奖励计划

【情境分析】

客户可能对企业是否提供积分奖励制度感兴趣，这种制度可以增加客户的忠诚度和提升购买频率。

【客户提问】

客户可能会问："你们是否有积分或奖励计划？"

【一般回答】	【巧妙回答】
是的，我们有积分奖励计划，客户可以通过购买产品或参与我们的活动来积累积分，并兑换奖励。	我们确实有一个积分奖励计划，旨在奖励客户的忠诚和支持。积分可以用于兑换各种优惠和礼品，我非常乐意为您介绍详细的计划内容，请问您具体想知道些什么呢？

【回复心得】

向客户明确介绍积分奖励计划的存在，以及如何通过积分获得奖励。

如果可能，提供积分奖励计划的具体细节，如积分获取方式、兑换规则和奖励选项。

强调积分奖励计划如何增加客户价值，并鼓励客户参与。

保持积极的态度，让客户感到他们的业务对企业是有价值的，并受到企业的认可和奖励。

在回复客户时，要确保你的回答能够体现出企业对客户忠诚度的重视，并提供具体的积分奖励计划信息。

客户说，如果有新产品发布，我是否可以升级

【情境分析】

客户可能对现有产品的升级选项或新产品的特性有所期待。

客户可能在考虑长期投资价值，以及产品升级对他们的潜在好处。

【客户提问】

客户可能会问："将来如果有新产品发布，我们是否可以升级现有产品？"

【一般回答】

我们会根据产品的不同情况和升级政策来确定是否可以升级。通常，我们会提供升级选项给客户，但具体细节可能会有所不同。

【巧妙回答】

我们始终致力于为客户提供最新和最好的技术。对于新产品的发布，我们有明确的升级路径和政策，确保我们的客户能够享受到最新产品带来的优势。具体升级流程和条件，我可以为您提供详细信息。

【回复心得】

向客户保证企业有明确的升级政策，并愿意提供必要的信息。

强调企业对客户长期满意度的承诺，以及在产品升级过程中提供的支持。

保持沟通的透明度，确保客户了解升级的条件和可能涉及的费用。

在回复客户时，要确保你的回答能够体现出企业对产品更新和客户升级需求的重视。

客户说，你们在哪些地方提供服务

【情境分析】

客户可能在寻找特定地区的服务可用性，以确保他们能够得到所需的支持。

客户可能对企业的全球或本地服务能力感兴趣，以评估企业的实力和服务范围。

【客户提问】

客户可能会问："你们在哪些地方提供服务？"

【一般回答】	【巧妙回答】
我们在多个地区提供服务，包括主要城市和一些特定的农村地区。	我们的服务覆盖范围广泛，包括国内外的主要市场。具体来说，我们在中国的多数省份以及海外的多个国家都有分支机构或合作伙伴。如果您需要，我可以提供更详细的服务地点列表。

【回复心得】

向客户清晰地说明服务的地理覆盖范围，包括主要的服务地区或国家。

强调企业对不同地区客户需求的理解和承诺，展示企业服务的灵活性和适应性。

在回复客户时，要确保你的回答能够体现出企业对不同地区客户需求的关注，并提供具体的服务地点信息。

客户说，我搬家的话，怎么办

【情境分析】

客户可能需要将产品或服务从一个地点迁移到另一个地点。

客户可能在寻找搬家时如何保持服务不中断的解决方案。

客户可能对搬家过程中可能产生的费用或服务条款有疑问。

【客户提问】

客户可能会问："如果我搬家了，我应该怎么做？"

【一般回答】	【巧妙回答】
搬家时，您可以联系我们的客户服务部门，我们会提供必要的支持和指导。	搬家是大事，我们会确保我们的服务能够顺利跟随您到新家。请告知我们新的地址和任何特殊需求，我们将提供详细的搬迁指南和可能需要的协助。

【回复心得】

向客户保证企业会提供搬家时所需的支持和服务。

如果有特定的搬迁服务或政策，向客户介绍这些信息，并告知如何操作。

鼓励客户提供新地址和联系方式，以确保服务的连续性。

保持积极和专业的态度，确保客户知道企业愿意帮助他们顺利完成搬家过程。

在回复客户时，要确保你的回答能够体现出企业对客户需求的关注，并提供具体的帮助和指导。

客户说，如果我／你离职了，该怎么办

【情境分析】

客户可能担心关键员工的离职会影响他们得到的服务质量或正在进行的项目。

客户可能在考虑业务关系在人员变动时如何保持稳定。

客户可能需要了解企业在人员变动时的应对策略和交接流程。

【客户提问】

客户可能会问："如果我离职了，我们的合作关系会怎么办？或者如果负责我的员工离职了，我们该怎么办？"

【一般回答】

即使发生人员变动，我们的服务承诺不会改变。我们有完善的交接流程和团队支持，确保服务的连续性。

【巧妙回答】

我们理解人员变动可能带来的关切。请放心，我们公司有强大的团队和标准化的交接程序，确保即使个别员工发生变动，您也能继续接受同样高标准的服务。

【回复心得】

向客户保证企业有预案和流程来处理人员变动，确保服务不受影响。

强调企业对客户关系的重视，以及为维护这些关系所采取的措施。

如果适用，介绍企业的客户关系管理系统或关键人员备份计划。

在回复客户时，要确保你的回答能够体现出企业对服务连续性的重视，并提供具体的措施和流程，以增强客户的信任感。

第八章

客户关系维护：将客户当成朋友

客户说，听说你们最近降价了

客户可能对降价的原因感到好奇，比如是不是因为季节性促销、库存清仓、新产品上市或其他市场策略。

客户可能在评估现在是否为购买的最佳时机。

客户可能担心降价后产品的质量是否会受到影响。

【客户提问】

客户可能会问："我听说你们最近降价了，这是什么原因？"

【一般回答】

是的，我们最近对一些产品进行了价格调整，这是我们正常的市场策略，以提供更具竞争力的价格给我们的客户。

【巧妙回答】

我们确实对部分产品进行了价格调整，这是为了回馈我们的客户，并确保我们的产品和服务对大家来说都是物有所值。如果您有兴趣，我可以为您提供更多关于降价产品的详细信息。

【回复心得】

确认降价的事实，并简要说明降价的原因，如市场策略调整、特别促销等。

提供积极的信息，强调降价是为了增加客户价值和市场竞争力。

保持透明和诚信，确保客户知道降价并不影响产品或服务的质量。

在回复客户时，要确保你的回答能够体现出企业对客户利益的关注，并提供清晰的信息帮助客户做出购买决策。

客户说，我的个人信息不会泄露吧

【情境分析】

客户可能因为过去的经历或新闻报道中的案例，对个人信息泄露有所顾虑。

客户可能在了解企业的数据保护措施和隐私政策。

【客户提问】

客户可能会问："我提供给你们的个人信息安全吗？会不会被泄露？"

【一般回答】

我们非常重视客户的个人信息安全。我们采取了严格的数据保护措施，确保您的个人信息不会被泄露。

【巧妙回答】

保护您的隐私是我们的首要任务。我们遵守最新的数据保护法规，并实施了先进的安全技术来保护您的个人信息。此外，我们还定期对员工进行数据保护培训，确保他们了解并遵守隐私保护的重要性。

【回复心得】

向客户保证企业有严格的隐私保护政策和措施。

强调企业遵守相关的数据保护法规和标准。

保持透明和诚信，让客户知道他们的个人信息是如何被安全处理的。

在回复客户时，要确保你的回答能够体现出企业对客户隐私的尊重和保护。

客户说，我可以和其他顾客交流吗

【情境分析】

客户可能希望了解其他用户的真实体验和使用感受。

客户可能在寻找特定的使用案例或解决方案，希望从其他用户那里获得灵感。

【客户提问】

客户可能会问："我可以和使用你们产品的其他顾客交流吗？"

【一般回答】

我们理解您希望从其他用户那里获得反馈。通常情况下，我们不提供客户之间的直接联系方式，但我们可以分享一些用户评价和案例研究。

【巧妙回答】

我们非常乐意帮助您了解其他客户的使用体验。虽然我不能直接安排您与其他客户交流，但我可以提供一些用户评价或安排一次客户见证，让您了解他们的使用感受。

【回复心得】

向客户保证企业尊重所有客户的隐私，不会在未经允许的情况下分享个人信息。

提供其他形式的用户反馈，如在线评价、案例研究或用户推荐信，以帮助客户获得必要的信息。

如果企业有用户社区或论坛，可以邀请客户加入，以便他们可以与其他用户交流。

在回复客户时，要确保你的回答能够体现出企业对客户隐私的尊重，并提供替代的方式来帮助客户获得他们需要的信息。

客户说，我发现别家的便宜，我买贵了

【情境分析】

客户可能在比较不同供应商的价格后，认为他们支付的价格高于市场平均水平。

客户可能在寻求价格匹配保证或其他形式的价值补偿。

【客户提问】

客户可能会问："我发现别家的价格更便宜，我在这里买贵了，你们能做些什么？"

【一般回答】	【巧妙回答】
哪里贵了？一直以来都是这个价，别人的便宜，但是质量没我们的好。	我们理解价格是选择供应商时的重要因素。虽然我们的价格可能不是市场上最低的，但我们致力于为您提供优质的产品和卓越的服务。如果您发现其他供应商的报价更低，我们可以探讨可能的解决方案，以确保您感到满意。

【回复心得】

向客户保证企业致力于提供有竞争力的价格和高价值的产品。

保持专业和诚信，即使无法提供价格调整，也要确保客户知道他们获得的是全面的服务和支持。

在回复客户时，要确保你的回答能够体现出企业对客户关切的重视，并提供清晰的解释和可能的解决方案。

客户说，还有什么推荐的吗

客户可能对现有产品或服务感到满意，并希望了解其他可能符合他们需求的选项。

客户可能在寻找补充现有产品或服务的解决方案。

客户可能对市场上的新趋势或创新产品感兴趣。

【客户提问】

客户可能会问："你们还有什么其他产品或服务可以推荐的吗？"

【一般回答】

我们有多种产品和解决方案，我会根据您的需求和兴趣来推荐一些可能适合您的选项。

【巧妙回答】

基于您之前的兴趣和需求，我们确实有一些其他产品或服务可能对您有吸引力。我可以为您详细介绍这些产品的特点和优势，帮助您做出选择。

【回复心得】

向客户保证企业有多样化的产品或服务组合，并愿意根据客户的具体需求提供个性化推荐。

强调企业对客户满意度的承诺，以及在推荐过程中的专业性和诚信。

保持积极的态度，即使客户最终没有选择额外的产品或服务，也要确保他们知道企业随时准备提供帮助。

在回复客户时，要确保你的回答能够体现出企业对客户需求的关注，并提供有帮助的建议和信息。

客户说，微信可以删了吗

【情境分析】

客户可能希望删除微信上的某些信息或聊天记录。

客户可能觉得你后期会频繁打扰他。

客户可能并不愿意跟你有更多的来往。

【客户提问】

客户可能会问："我们之间的微信可以删了吗？"

【一般回答】

干吗要删呢？您是怕以后我会打扰你是吧，我不会的。再者若是您后续遇到了问题，有微信可以直接联系我。

【巧妙回答】

如果您考虑好了，是可以删的。不过若是您今后遇到了问题，可能就会很麻烦。如果我是您，会选择保留，因为后续有任何疑问都可以直接方便获得解答。如果您担心泄露信息或是担心我后续发广告，那请问您有工作专用号吗？您可以用工作专用号加我。

【回复心得】

向客户保证他们可以完全控制自己的微信联系人和聊天记录。

尊重客户的隐私和选择，不要询问删除的原因，除非他们愿意分享。

保持专业和友好的态度，确保客户知道他们的决定是被尊重的。

在回复客户时，要确保你的回答能够体现出对客户隐私的尊重，并提供必要的帮助。

客户说，下次我换一家

【情境分析】

客户可能对价格、产品质量、服务或其他方面感到不满。

客户可能在比较不同供应商后，认为其他供应商能提供更好的交易。

客户可能在寻求更多的选择或更好的交易条件。

【客户提问】

客户可能会说："我下次打算换一家买产品。"

【一般回答】

我们非常遗憾听到您有这样的想法。请告诉我们是什么让您不满意，我们会尽力改进。

【巧妙回答】

我们始终致力于提供最好的产品和服务。如果您觉得有需要改进的地方，请随时告诉我们。我们希望有机会再次赢得您的信任。

【回复心得】

认真听取客户的反馈，并表达出愿意改进的诚意。

询问客户不满意的具体原因，以便能够针对性地解决问题。

强调企业对客户满意度的承诺，以及愿意采取行动来改善服务。

保持积极的态度，即使客户考虑更换供应商，也要确保他们知道企业重视他们的意见和业务。

在回复客户时，要确保你的回答能够体现出企业对客户反馈的重视，并展现出愿意采取具体措施来改善情况。

客户说，有回扣吗

【情境分析】

客户可能在商业交易中期待某种额外的经济激励。

这可能是客户在谈判过程中的一种常见做法。

客户可能在其他供应商那里遇到过提供回扣的情况。

【客户提问】

客户可能会问："如果我们下单，有回扣吗？"

【一般回答】

我们的定价策略是统一的，通常不提供回扣。但我们可以提供其他形式的优惠或服务。

【巧妙回答】

我们致力于提供具有竞争力的价格和优质的服务。虽然我们可能不提供传统意义上的回扣，但我们有其他客户奖励计划或忠诚度优惠，我可以向您介绍这些方案。

【回复心得】

向客户清晰地说明企业的定价政策和激励措施。

如果有其他形式的优惠或奖励计划，应该详细介绍给客户，让他们了解所有可能的获益方式。

保持透明和诚信，确保客户知道企业的政策和决策的原因。

即使无法提供客户期望的回扣，也要展现出企业愿意提供其他形式的价值。

在回复客户时，要确保你的回答能够体现出企业对客户需求的关注，并提供替代的优惠方案。

客户发了一条旅游朋友圈

客户可能在旅行中感受到了愉悦，并希望通过社交媒体与他人分享。

分享朋友圈可能是客户想要记录自己的旅行经历或与朋友和家人保持联系。

客户可能在寻找共鸣，希望他人能够欣赏他们的旅行照片或故事。

【客户提问】

在这个情境下，客户可能不会提出具体问题，但你可以对他们的分享做出回应。

【一般回答】	【巧妙回答】
看起来你玩得很开心！那些景色真美。	你的旅行照片太棒了，感觉就像自己也在那里一样。希望你的旅程充满了美好回忆！

【回复心得】

通过正面的评论表达你对客户旅行体验的赞赏。

可以简单询问旅行的细节，表现出你对他们经历的兴趣。

保持友好和积极的态度，这有助于加深与客户的良好关系。

如果你也对旅行有共同的兴趣或经验，分享你自己的故事，这可以作为建立联系的一个好机会。

在回复客户时，要确保你的回答能够体现出你对客户分享内容的欣赏和兴趣，同时展现出你愿意与他们分享快乐时刻的友好态度。

客户发了一条推荐产品的朋友圈

【情境分析】

　　客户可能因为对产品的性能、质量或服务感到满意而进行推荐。

　　客户在朋友圈的推荐可以增加产品的可信度和社交证明。

　　客户可能希望通过分享正面体验来帮助朋友或家人做出购买决策。

【客户提问】

　　在这个情境下，客户可能不会直接提问，但您可以通过回应他们的分享来进行互动。

【一般回答】

　　非常感谢您对我们产品的推荐！我们很高兴您喜欢它。

【巧妙回答】

　　看到您这么喜欢我们的产品，我们感到非常荣幸。感谢您的支持和推荐！如果您的朋友们有任何问题或需要更多信息，我们愿意随时提供帮助。

【回复心得】

　　对客户的推荐表示感激，这不仅是对客户的认可，也是对他们正面体验的肯定。

　　通过回应客户的分享，展示企业对客户反馈的关注和重视。

　　提供额外的帮助或信息，表明企业愿意为潜在的新客户提供支持。

　　在回复客户时，要确保您的回答能够体现出对客户推荐的认可和感激之情，同时展现出企业愿意为现有和潜在客户提供帮助的积极态度。

客户在朋友圈吐槽产品

【情境分析】

客户可能因为产品未能满足其期望或存在某些问题而感到失望。

朋友圈作为一个公开的平台，客户的吐槽可能会影响其他潜在客户的观感。

客户可能希望通过公开表达不满来获得企业的注意和快速响应。

【客户提问】

在这个情境下，客户可能没有直接提问，但他们的吐槽相当于在寻求关注和解决方案。

【一般回答】

我们很抱歉听到您对我们的产品不满意。请您直接联系我们的客服，我们将尽力解决您的问题。

【巧妙回答】

我们对您不愉快的体验感到非常抱歉。我们非常重视每一位客户的声音，请您私信我们详细信息，我们会尽快与您联系并提供个性化的解决方案。

【回复心得】

提供私密的沟通渠道，比如私信或客服联系方式，以便更详细地了解情况并解决问题。

通过解决问题和提供良好的客户服务，尝试将不满意的客户转变为忠诚的客户。

在回复客户时，要确保你的回答能够体现出企业对客户体验的重视，并提供有帮助的解决方案。

客户发了其他朋友圈

客户可能分享了与企业无关的个人生活动态、兴趣爱好或其他话题。这提供了了解客户个性和兴趣的窗口，有助于加深客户关系。

朋友圈的分享可能反映了客户的价值观和生活方式。

【客户提问】

在这个情境下，客户可能没有提出具体问题，但你可以通过互动来展示关注和兴趣。

【一般回答】	【巧妙回答】
看到您分享的内容，希望您度过愉快的一天！	您的分享对我们很有启发，我们很欣赏您在XX（具体主题）上的热情和见解。

【回复心得】

通过正面的评论或点赞来表达对客户分享内容的关注和赞赏。

根据客户的分享内容，可以提供相关的信息或建议，以展现企业的专业性和对客户需求的理解。

保持互动的适度，避免过度介入客户的私人空间。

通过这种非正式的互动，可以加强与客户的情感联系，为未来的业务合作打下良好的基础。

在回复客户时，要确保你的回答能够体现出企业对客户的尊重和关注，同时保持积极和专业的态度。

客户介绍新客户给你认识

【情境分析】

客户可能认为你的产品或服务能够满足他朋友或同事的需求。

这表明客户对你的企业有信任感，并且愿意推荐给他人。

介绍新客户是建立口碑和扩大客户基础的重要途径。

【客户提问】

客户可能会说："我向一个朋友推荐了你们的产品，他可能很快就会联系你。"

【一般回答】	【巧妙回答】
非常感谢您的推荐。我们会确保为他提供同样优质的服务。	您的推荐是我们最大的荣幸。请告诉您的朋友，我们已经迫不及待地想要为他提供帮助。如果有任何问题或需要个性化服务，随时欢迎他联系我们。

【回复心得】

对客户的推荐表示感激，并确保他们知道他们的支持对企业的重要性。

向新客户传达热情和专业，让他们感到受欢迎和重视。

提供额外的信息或资源，帮助新客户更好地了解产品或服务。

保持积极的沟通，确保新客户的体验符合他们的期望。

在回复客户时，要确保你的回答能够体现出企业对客户推荐行为的感激之情，并展现出愿意为新客户提供优质服务的决心。

第九章

线上销售：文字也能让客户放宽心

客户说，你们在哪

【情境分析】

客户可能想要访问企业的实体位置，以便更好地了解产品或服务。

客户可能在考虑地理因素，以确定企业服务是否方便他们。

客户可能对企业的规模和覆盖范围感兴趣。

【客户提问】

客户可能会问："你们公司在哪里？"

【一般回答】

我们公司位于……（具体地址）如果您需要访问我们的办公室或商店，欢迎提前联系我们。

【巧妙回答】

我们公司坐落在……（具体地址）同时我们也提供在线服务，无论您身在何处，都能享受到我们的专业服务。

【回复心得】

清晰地提供企业的地理位置信息，包括城市、街道和可能的门牌号码。

如果企业有多个地点，可以提供最方便客户访问的地点，或者提供查找所有地点的链接或方法。

保持友好和开放的态度，让客户知道他们可以通过多种方式与企业取得联系。

在回复客户时，要确保你的回答能够体现出企业对客户需求的关注，并提供方便的联系方式和访问信息。

客户说，便宜点，我给你们好评

客户可能认为好评能够为企业提供价值，因此可以用来交换价格上的优惠。

这可能是客户的一种谈判策略，试图获得更好的交易条件。

企业需要平衡客户的期望和自身的定价策略。

【客户提问】

客户可能会说："如果你们能便宜点，我就给你们好评。"

【一般回答】

我们非常感谢您愿意给我们好评。不过我们的价格已经是非常有竞争力的，如果您有其他问题或需要帮助，请随时告诉我们。

【巧妙回答】

我们非常重视您的满意度和好评。虽然我们不能仅基于好评调整价格，但我们愿意提供其他形式的感谢或优惠。让我们看看是否有其他方式来表达我们的感激。

【回复心得】

感谢客户的好评意愿，并强调企业对客户满意度的重视。

清楚地传达企业的定价政策，避免给客户错误的期望。

提供替代方案或其他形式的优惠，以表达对客户的感激之情。

保持专业和诚信，确保客户知道企业的决策基于公平和一致性。

在回复客户时，要确保你的回答能够体现出企业对客户好评的感激，同时坚持合理的定价策略。通过提供替代的优惠或服务，你可以有效维护客户关系，同时保持企业的价格完整性。

客户说，我看有客户说不好用啊

【情境分析】

客户可能因为看到了其他客户的负面评价，对产品产生了疑虑。这表明企业需要关注客户的声音，并采取措施改进产品或服务。

【客户提问】

客户可能会问："我看有客户说你们的产品不好用，这是怎么回事？"

【一般回答】

我们非常重视每一位客户的反馈。对于您提到的产品使用上的问题，我们会认真调查并寻求解决方案。

【巧妙回答】

我们始终致力于提供高质量的产品，并不断根据客户反馈进行改进。关于您提到的其他客户的体验，我们希望能够详细了解情况，并提供帮助或改进措施。

【回复心得】

对客户的担忧表示理解和重视，并保证会进行深入调查。

强调企业对客户反馈的开放态度和持续改进的承诺。

提供进一步沟通的途径，鼓励客户提供更多信息，以便更好地解决问题。

通过积极的响应和实际行动，展现企业的专业形象和对客户满意度的重视。

在回复客户时，要确保你的回答能够体现出企业对客户体验的重视，并提供有帮助的解决方案。

客户说，你们是刷分了吗

客户可能在平台上看到了一系列正面评价，从而产生了疑问。

这可能是客户对评价真实性的普遍怀疑，或者是基于某些评价看起来不自然或过于格式化。

客户可能在寻求保证，希望了解企业的价值观和商业实践。

【客户提问】

客户可能会问："你们的评价都是真实的吗，还是你们刷了好评？"

【一般回答】

我们非常重视客户的真实反馈。我们所有的评价都是来自真实客户的体验，我们从不参与任何刷好评的行为。

【巧妙回答】

我们深知真实评价对客户决策的重要性，因此我们坚持诚信的原则，确保所有评价都是客户的真实声音。我们欢迎并鼓励客户分享他们的真实体验，无论是正面的还是需要我们改进的地方。

【回复心得】

向客户保证企业坚持诚信原则，不参与任何不真实的评价行为。

如果可能，提供评价审核流程的透明度，让客户了解企业如何确保评价的真实性。

保持开放的态度，鼓励客户提出问题或疑虑，并提供解答。

在回复客户时，要确保你的回答能够体现出企业对诚信和透明度的承诺，同时展现出对客户关切的理解和尊重。

客户说，我看别家和你们一模一样，比你们便宜

【情境分析】

客户可能在进行市场调研时发现了价格更低但看似相同的产品，这可能引起了对性价比的疑虑。

【客户提问】

客户可能会问："我在市场上看到其他品牌的产品和你们的很像，但价格更便宜。"

【一般回答】

我们注意到市场上可能存在价格差异。我们的产品在质量、服务和客户支持方面提供了额外的价值。

【巧妙回答】

虽然某些产品在外观上可能相似，但我们的产品在设计、耐用性和客户体验方面有着显著的优势。我们很乐意向您展示这些差异，并讨论它们如何为您提供长期的价值。

【回复心得】

避免直接贬低竞争对手的产品，而是专注于自身产品的独特卖点和长期价值。

强调企业对客户满意度的承诺，包括优质的客户服务和售后支持。

如果可能，提供个性化的解决方案或服务，以满足客户的特定需求。

在回复客户时，要确保你的回答能够体现出企业对产品价值的信心，并提供有说服力的理由来解释价格差异。

客户说，能否拍张实物

【情境分析】

客户可能无法亲自查看产品，需要通过照片来评估产品的外观和细节。

客户可能在寻找更真实的产品展示，以便更准确地做出购买决定。

【客户提问】

客户可能会问："我想了解更多关于产品的信息，能否拍张实物的照片给我看看？"

【一般回答】	【巧妙回答】
当然可以，我将尽快为您拍摄产品实物的照片，并发送给您。	我理解您对产品实物效果的关心。我可以为您拍摄一些高清晰度的实物照片，包括不同角度和细节特写，以便您更全面地了解产品。

【回复心得】

积极响应客户的请求，并确保他们知道他们的需要被重视。

如果可能，提供产品使用场景的照片，帮助客户更好地想象产品在实际使用中的样子。

保持沟通的透明度，确保客户在购买前能够获得他们需要的所有信息。

在回复客户时，要确保你的回答能够体现出企业对客户需求的关注，并提供具体的解决方案。

客户说，后续有问题怎么办

【情境分析】

客户可能担心产品使用过程中可能遇到的问题或故障。

客户希望了解企业是否提供持续的支持和解决方案。

客户可能在评估企业的服务质量和响应速度。

【客户提问】

客户可能会问："如果我们在使用产品后遇到问题，应该怎么办？"

【一般回答】	【巧妙回答】
如果您在使用产品过程中遇到任何问题，请随时联系我们的客户服务部门，我们将提供必要的帮助和支持。	我们非常重视客户的使用体验。如果您有任何问题或需要帮助，我们有多种渠道供您选择，包括在线客服、电话支持以及电子邮件。我们的专业团队将快速响应您的需求，并提供有效的解决方案。

【回复心得】

向客户保证企业有完善的售后服务体系，并愿意提供持续的支持。

强调企业对客户问题的快速响应和解决问题的能力。

保持积极和专业的态度，确保客户感到安心，知道企业随时准备提供帮助。

在回复客户时，要确保你的回答能够体现出企业对客户体验的重视，并提供清晰的指导和支持渠道。

客户说，七天包退吗

【情境分析】

客户可能对企业的退货政策不太了解，或者对"七天无理由退货"的法律规定有所疑问。

客户可能希望确认企业遵循的退货政策是否与国家标准一致。

【客户提问】

客户可能会问："我听说有'七天无理由退货'的政策，你们也是这样规定的吗？"

【一般回答】	【巧妙回答】
只要是质量问题、产品本身问题，我们都是可以退换货的。若是您自己造成的问题，就不行了。	我们严格遵守并支持国家《消费者权益保护法》中关于"七日无理由退货"的规定。您在收到商品后的七日内，如果商品保持完好，我们可以为您提供退货服务。具体的退货流程和条件，我可以为您提供详细信息。

【回复心得】

向客户保证企业遵循国家规定的退货政策，并愿意提供必要的帮助。

强调企业对消费者权益的保护，以及在退货过程中的便捷性和透明度。

保持积极响应，确保客户在购买和退货过程中都能获得良好的体验。

在回复客户时，要确保你的回答能够体现出企业对国家法律法规的遵守，并展现出企业对提供优质服务的承诺。

客户说，上门安装吗

【情境分析】

客户可能对产品的安装过程不熟悉，需要专业技术人员的帮助。

客户可能因为时间或技能限制，更倾向于选择提供上门服务的供应商。

客户可能在考虑安装服务的便捷性和附加价值。

【客户提问】

客户可能会问："你们提供上门安装服务吗？"

【一般回答】

是的，我们可以提供上门安装服务。如果您需要，我们可以安排专业技术人员上门为您安装。

【巧妙回答】

我们理解安装过程可能对一些客户来说是个挑战，因此我们提供便捷的上门安装服务。请告诉我您的具体需求，我们将尽力满足您的安装时间和其他相关要求。

【回复心得】

确认是否提供上门安装服务，并根据客户需求安排服务时间。

如果提供上门服务，强调企业对客户便利性的重视。

如果客户有特殊需求或问题，积极提供解决方案或建议。

保持专业和友好的态度，确保客户知道企业愿意提供帮助。

在回复客户时，要确保你的回答能够体现出企业对客户需求的关注，并提供具体的帮助和解决方案。

客户说，你能来我们公司吗

【情境分析】

客户可能希望通过面对面会议更深入地了解企业的产品或服务。

客户可能需要在公司内部进行演示或讨论，以便更好地评估合作可能性。

客户可能认为面对面交流比远程沟通更有效。

【客户提问】

客户可能会问："你能来我们公司进行一次会谈吗？"

【一般回答】	【巧妙回答】
当然可以，请问您什么时候方便呢？	我很高兴您提出会面的建议。面对面交流有助于我们更好地了解彼此的需求。请提供会面的日期和具体安排，我会确保准时参加。

【回复心得】

询问客户的具体需求和期望，以便你能够准备相应的材料或信息。

如果可能，提前了解客户的背景和需求，以确保会谈的效率和成效。

保持专业和积极的态度，确保客户知道你重视这次会面。

在回复客户时，要确保你的回答能够体现出企业对客户需求的关注，并展现出你愿意提供帮助和支持的意愿。

客户说，有保障吗

【情境分析】

客户可能对产品的质量、耐用性或性能有所疑问。

客户可能想了解企业对产品的支持程度和出现问题时的解决措施。

客户可能在评估是否选择有保障的产品以减少购买风险。

【客户提问】

客户可能会问："你们的产品有什么样的质量保障？"

【一般回答】

我们的产品均符合行业标准，并提供标准的保修服务。

【巧妙回答】

我们对我们的产品非常有信心，且提供全面的保修政策和优质的客户服务。如果您在使用过程中遇到任何问题，我们的专业团队将随时准备帮助您。

【回复心得】

向客户保证产品符合质量标准，并提供保修服务。

如果有额外的服务保障措施，如免费维修、替换或退款政策，应该明确告知客户。

保持专业和诚信，确保客户知道企业重视他们的购买体验和长期关系。

在回复客户时，要确保你的回答能够体现出企业对产品质量的自信和对客户服务的重视。

客户说，方便加个微信吗

【情境分析】

客户可能希望通过微信获得更快捷的服务或支持。

客户可能希望通过微信保持联系，方便未来的咨询或购买。

客户可能对产品或服务感兴趣，希望通过微信获得更多信息。

【客户提问】

客户可能会问："方便加个微信吗？这样以后联系起来更方便。"

【一般回答】	【巧妙回答】
当然可以，添加微信后我们可以更方便地沟通。	非常欢迎，通过微信我们可以更快速地响应您的需求和问题。请扫描我的二维码，或者告诉我您的微信号，我来添加您。

【回复心得】

如果企业有专门的客服微信，可以提供客服微信的二维码或微信号。

如果是个人与客户之间的交流，要确保添加微信不会影响个人隐私或工作时间。

保持积极的态度，让客户知道您愿意通过他们喜欢的渠道与他们沟通。

在回复客户时，要确保你的回答能够体现出企业对客户需求的关注，并提供方便的沟通方式。

客户说，你们不是盗版吧

客户可能在寻找正版产品，以避免侵犯版权或质量不佳的风险。

客户可能之前遇到过盗版问题，因此对新购买的产品持谨慎态度。

客户可能需要确保他们的购买符合法律规定和道德标准。

【客户提问】

客户可能会问："你们的产品是正版的吗？不会是盗版吧？"

【一般回答】	【巧妙回答】
我们保证所提供的所有产品都是正版，我们严格遵守版权法规，绝不允许销售任何形式的盗版产品。	我们非常重视知识产权的保护，我们的产品都是经过正规渠道获得的正版产品。我们有合法的授权和证书，确保消费者权益不受侵害。

【回复心得】

向客户保证企业遵守法律法规，并提供正版产品。

如果可能，提供产品授权证书或其他证明文件，以增强客户的信任。

强调企业对知识产权保护的承诺，以及对销售盗版产品的零容忍政策。

保持专业和诚信，确保客户知道企业重视他们的关切，并致力于提供高质量的正版产品。

在回复客户时，要确保你的回答能够体现出企业对合法性和客户权益的重视，同时提供充分的信息来消除客户的疑虑。

第十章

客户投诉：别把投诉不当一回事

客户说，你们打算如何解决这个问题

【情境分析】

　　客户可能遇到了具体的服务或产品问题，并且正在寻求企业方面的帮助和补救措施。

【客户提问】

　　客户可能会问："针对这个问题，你们打算如何解决？"

【一般回答】

　　我们非常抱歉给您带来了不便，目前正在评估情况并制订解决方案，我们会尽快与您沟通具体的解决步骤。

【巧妙回答】

　　我们认真对待每一位客户的反馈。针对您提到的问题，我们已经在考虑多个解决方案，并将在最短时间内与您讨论这些方案，确保您的需求得到满足。

【回复心得】

　　向客户保证企业正在积极处理问题，并尽快提供解决方案。

　　强调企业对客户体验的重视，以及愿意采取具体措施来解决问题。

　　提供透明的沟通，让客户了解问题解决的进展和预期的时间框架。

　　保持专业和诚信，确保客户知道企业致力于维护他们的最佳利益。

　　在回复客户时，要确保你的回答能够体现出企业对问题解决的决心和对客户需求的关注。

客户说，解决问题需要多长时间

【情境分析】

客户可能正面临紧急的问题或挑战，需要快速的解决方案。

客户可能在评估企业的响应速度和问题解决能力。

【客户提问】

客户可能会问："你们打算如何解决这个问题？这需要多长时间？"

【一般回答】

我们理解问题的紧迫性。一旦我们确定了问题的性质，我们会立即采取行动，并根据问题的复杂性给您一个预计的解决时间。

【巧妙回答】

我们有一套快速响应机制，确保您的问题能够得到及时处理。我们将在最短时间内提供临时解决方案或缓解措施，并尽快提供一个长期的解决方案。具体时间会根据问题的具体情况而定，但我可以保证我们会以最快的速度行动。

【回复心得】

向客户保证企业有快速响应和解决问题的能力，同时避免过度承诺。

根据问题的具体情况，提供合理的时间估计，并保持沟通的透明度。

如果可能，提供临时解决方案或缓解措施，以减轻客户的焦虑。

保持专业和诚信，确保客户知道企业致力于快速有效地解决问题。

在回复客户时，要确保你的回答能够体现出企业对问题解决的重视和对客户需求的关注。

客户说，我的损失谁来承担

【情境分析】

客户可能遭遇了产品故障、服务失误或其他导致损失的情况。

客户需要明确责任方，以及如何补救或赔偿其损失。

客户可能在寻求法律或合同上的支持，以确保损失得到妥善处理。

【客户提问】

客户可能会问："因为你们产品的问题，我遭受了损失，这个损失由谁来承担？"

【一般回答】	【巧妙回答】
我们对您遇到的问题感到非常抱歉。根据我们的服务承诺和相关法律规定，我们会负责处理您由此遭受的损失。	我们非常重视您的情况，并承诺会积极解决您的问题。请您提供损失的详细情况，我们将依据相关政策和法律规定，尽快与您协商出一个合理的解决方案。

【回复心得】

首先对客户遇到的问题表示歉意，并表达出企业愿意负责的态度。

向客户保证企业会根据服务承诺和法律规定来处理损失问题。

鼓励客户提供详细的损失情况，以便企业能够提供具体的补救措施。

保持专业和诚信，确保客户知道企业会采取实际行动来解决问题。

在回复客户时，要确保你的回答能够体现出企业对客户损失的重视，并展现出愿意采取行动来解决问题的决心。

客户说，你们要赔偿我

【情境分析】

客户可能因为产品缺陷、服务不足或其他问题遭受了损失。

客户可能根据合同条款或法律规定，认为企业有责任进行赔偿。

客户可能在寻求公正的解决方案，以弥补他们遭受的损失。

【客户提问】

客户可能会说："由于你们的问题，我遭受了损失，你们要赔偿我。"

【一般回答】

我们对您遭受的损失感到非常抱歉。请您提供损失的详细情况，我们会根据我们的政策和相关法律规定来评估赔偿事宜。

【巧妙回答】

我们非常重视您的损失，并承诺会负责任地处理。请您详细说明损失情况，我们将尽快审查并提供一个公正的赔偿方案。

【回复心得】

向客户表示同情和歉意，展现出企业愿意承担责任的态度。

保证企业会根据内部政策、合同条款和适用法律来公正地处理赔偿问题。

保持沟通的透明度和专业性，确保客户知道企业正在积极寻求解决方案。

在回复客户时，要确保你的回答能够体现出企业对客户损失的同情和解决问题的决心。

客户说，我要去向上一级投诉

【情境分析】

客户可能觉得他们的问题没有得到妥善解决或重视。

客户可能希望通过更高层次的管理层介入来加速问题解决的进程。

这可能是客户在尝试了其他途径后的最后一步。

【客户提问】

客户可能会说："我对你们的服务不满意，我要去向你们的上一级投诉。"

【一般回答】

我们非常抱歉听到您不满意。请告诉我具体的问题，我会立即通知我们的上级管理层，并寻求更高层次的支持来解决您的问题。

【巧妙回答】

我们始终致力于提供最好的客户体验。我完全理解您希望问题能够得到迅速解决。请允许我直接联系我们的高级管理层，并尽快提供一个让您满意的解决方案。

【回复心得】

认真对待客户的不满，并迅速采取行动表明企业重视他们的问题。

如果可能，提供一个更具体的解决方案或时间表，让客户知道他们的投诉将被认真处理。

保持专业和诚信，确保客户知道企业会负责任地处理他们的投诉。

在回复客户时，要确保你的回答能够体现出企业对客户投诉的重视，并展现出愿意采取行动来解决问题的决心。

客户说，你们的产品很垃圾

【情境分析】

客户可能因为产品的质量问题、性能不佳或不符合预期而感到沮丧。

客户可能希望通过强烈的措辞引起企业的重视，并寻求有效的解决方案。

【客户提问】

客户可能会问："你们的产品很垃圾，你们怎么处理这个问题？"

【一般回答】	【巧妙回答】
我们非常抱歉听到您对我们的产品有这样的看法。请告诉我们具体的问题，我们会尽快采取措施来解决。	我们对您不愉快的体验感到非常抱歉。我们非常重视您的反馈，并希望能够了解具体问题。让我们共同找到解决问题的方法，并尽力挽回您的信任。

【回复心得】

首先对客户的不满表示真诚的歉意，并收集更多的信息来了解问题所在。

通过积极的沟通和专业的服务，尝试转变客户的看法，并重建信任。

保持冷静和专业，即使面对激烈的情绪表达，也要确保以恰当的方式回应。

在回复客户时，要确保你的回答能够体现出企业对客户反馈的重视，并展现出愿意采取具体措施来解决问题。

客户说，为什么和你当初说的不一样

【情境分析】

客户可能感到失望或被误导，因为他们的期望没有得到满足。

可能存在信息传递的误差，或者产品在实际使用中的表现与预期有所差异。

客户可能在寻求解释和补救措施。

【客户提问】

客户可能会问："为什么你们的产品或服务和最初你描述的不一样？"

【一般回答】

我们为造成的混淆感到抱歉。请允许我们澄清并解决任何差异。

【巧妙回答】

我们非常重视您的反馈，对于任何与预期不符的地方，我们深表歉意。让我们详细了解情况，并共同努力找到一个满意的解决方案。

【回复心得】

首先对客户的不满表示歉意，并表达出愿意解决问题的诚意。

鼓励客户提供具体的例子或细节，以便更好地理解问题所在。

根据客户提供的信息，提供清晰的解释或补救措施。

保持专业和诚信，确保客户知道企业会负责任地处理他们的关切。

在回复客户时，要确保你的回答能够体现出企业对客户体验的重视，并展现出愿意采取行动来解决问题的决心。

客户说，别再打我电话了

【情境分析】

客户可能觉得电话沟通过于频繁或时机不当。

客户可能对电话沟通的内容或方式感到不满。

客户可能需要更多的个人空间或时间来做出决策。

【客户提问】

客户可能会说："请不要再打电话给我了。"

【一般回答】	【巧妙回答】
非常抱歉，我们没有意识到我们的电话沟通给您带来了不便。我们会立即停止给您打电话。	我们真诚地为过度沟通带来的不便向您道歉。我们会尊重您的意愿，停止电话联系。如果您有任何问题或需要帮助，请随时通过电子邮件或在线聊天与我们联系。

【回复心得】

立即对客户的请求表示尊重，并承诺停止电话沟通。

向客户保证企业会采取措施，避免未来发生类似情况。

提供其他沟通渠道，以便客户在需要时能够方便地联系企业。

保持尊重和专业，确保客户知道企业重视他们的隐私和偏好。

在回复客户时，要确保你的回答能够体现出企业对客户隐私和偏好的尊重，并展现出愿意调整沟通方式以满足客户需求的意愿。

客户说，你们快点解决问题

【情境分析】

　　客户可能因为问题长时间未得到解决而感到焦虑或沮丧。

　　客户可能需要立即的解决方案来避免进一步的损失或不便。

　　客户可能对企业的响应速度和服务效率有较高的期望。

【客户提问】

　　客户可能会问："你们能快点解决问题吗？这已经拖了很长时间了。"

【一般回答】	【巧妙回答】
我们为问题解决的延迟向您表示歉意。我们会加快处理速度，并尽快给您一个解决方案。	我们理解您的紧迫感，并为未能及时解决您的问题感到抱歉。我将亲自确保这个问题被优先处理，并在最短时间内解决。

【回复心得】

　　向客户保证企业已认识到问题的紧迫性，并会加快处理速度。

　　如果可能，提供一个具体的时间框架，让客户知道问题何时可以得到解决。

　　通过直接沟通和积极行动，展示企业对解决问题的承诺和决心。

　　保持专业和诚信，确保客户知道企业正在全力以赴解决他们的问题。

　　在回复客户时，要确保你的回答能够体现出企业对客户需求的重视，并展现出愿意采取行动来快速解决问题的决心。

客户说，就当我倒霉

【情境分析】

客户可能经历了一系列的负面事件，导致他们感到失望和沮丧。

这可能是客户在尝试解决问题后，感到精疲力尽的表现。

客户可能在寻求同情和理解，希望企业能够认识到他们的困扰。

【客户提问】

客户可能会说："选择你们，就当我倒霉。"

【一般回答】

我们非常抱歉听到您有这样的感受。请告诉我们具体的问题，我们会尽一切努力来改善情况。

【巧妙回答】

我们非常抱歉，您的经历与我们的服务宗旨相去甚远。我们希望有机会能够扭转这种局面，请您详细描述您遇到的问题，我们将全力以赴地解决。

【回复心得】

首先对客户的感受表示真诚的歉意，并表达出企业愿意采取行动来改善情况。

通过积极的沟通和补救措施，努力恢复客户的信任和满意度。

保持专业和同情，确保客户知道企业理解他们的感受，并致力于解决问题。

在回复客户时，要确保你的回答能够体现出企业对客户不满的深刻理解，并展现出愿意采取具体措施来解决问题的决心。

客户飙脏话

【情境分析】

客户可能因为极度不满或感到沮丧而失去耐心。

这可能是客户情绪爆发的表现，他们可能需要被听到和被理解。

客户可能在寻求快速的响应和解决方案。

【客户提问】

客户可能会在不满中使用不礼貌的语言。

【一般回答】	【巧妙回答】
我们理解您可能非常不满，但我们无法接受这种沟通方式。请用尊重的语言告诉我们您的问题，我们会尽力帮助您解决。	我理解您现在可能非常沮丧，让我们冷静地讨论问题。请您用平和的方式表达您的关切，我在这里愿意倾听并协助您找到解决方案。

【回复心得】

保持冷静和专业，不要被情绪化的言辞所影响。

明确表达企业对于尊重沟通的期望，并鼓励客户以礼貌的方式表达问题。

如果客户继续使用不当语言，可能需要暂时结束对话，并建议在双方都冷静时再继续沟通。

在回复客户时，要确保你的回答能够体现出企业对专业沟通的坚持，并展现出愿意帮助解决问题的态度。

客户情绪激动

○

【情境分析】

客户可能因为产品或服务未达到预期而感到沮丧。

客户可能觉得自己的问题没有得到及时解决或重视。

客户可能需要感受到被理解和被尊重。

【客户提问】

客户可能会在情绪激动中表达他们的不满，例如："我对你们的产品非常失望！"

【一般回答】	【巧妙回答】
我们非常抱歉听到您目前的情况。请不要激动，放宽心，我们会尽力帮助您解决问题。	我理解您现在可能感到非常沮丧，我们会耐心倾听您的问题，您有任何不满都可以跟我们说，我相信我们一定可以找到一个解决方案。

【回复心得】

首先对客户的情绪表示理解，并保持冷静和专业。

避免与客户的情绪对抗，而是展现出企业愿意倾听和帮助的态度。

鼓励客户冷静下来，以便更有效地沟通和解决问题。

保持耐心和同情，确保客户知道企业在努力理解他们的关切并寻求解决方案。

在回复客户时，要确保你的回答能够体现出企业对客户需求的关注，并展现出愿意采取行动来解决问题的决心。

客户声泪俱下

客户可能因为产品或服务的严重问题感到极度沮丧和无助。

客户可能经历了重大损失或不便，这些问题对他们的个人生活或工作产生了严重影响。

【客户提问】

客户可能在情绪激动中难以清晰表述问题，但需要同情和帮助。

【一般回答】	【巧妙回答】
看到您这么难过，我们非常担心。请先尽量放松，我们会尽一切可能来帮助您。	我非常理解您现在的感受，请您放心，我们会陪在您身边，一起找到解决问题的办法。请您慢慢告诉我发生了什么，我们会认真对待并尽快解决。

【回复心得】

首先对客户的情绪表示同情和关心，确保他们感到被支持。

鼓励客户分享他们的问题，以便能够提供具体的帮助。

保持耐心和专业，即使在情绪激动的情况下也要努力理解客户的需求。

如果需要，提供立即的安慰措施，如安抚的话语或快速响应的解决方案。

在回复客户时，要确保你的回答能够体现出企业对客户情感的理解和尊重，并展现出愿意采取具体措施来解决问题的意愿。